AF370804

LE CAPITAL FRANÇAIS
AU SERVICE DE L'ÉTRANGER

J.-E. FAVRE

On peut mitrailler nos soldats aussi bien d'un guichet de banque que d'une tranchée de la Somme.

En moins d'un demi-siècle, notre sol a été envahi deux fois. Il faut y réfléchir.

LE CAPITAL FRANÇAIS AU SERVICE DE L'ÉTRANGER

Un cas : La Banque de Paris et des Pays-Bas et son œuvre anti-nationale

—

INTRODUCTION

Ce qu'il faut obtenir : la puissance financière française aux mains des Français et au service des intérêts français

PAR ÉTIENNE-BERNARD

BIBLIOTHÈQUE FINANCIÈRE

24, RUE FEYDEAU. — PARIS (2ᵉ)

1917

INTRODUCTION

CE QU'IL FAUT OBTENIR :

**La puissance financière française aux mains des Français
et au service des intérêts français**

par

ÉTIENNE-BERNARD

---

1. — Nos capitaux dilapidés

Un livre qui vient à son heure. — Les Banques allemandes sont nationales, les banques françaises sont internationales (LÉON BOLL). — *La plus folle des politiques financières* : la France créditrice partout, débitrice nulle part (A. NEYMARCK). — *Nos capitaux répandus sans discernement sur le monde entier, refusés à notre commerce et à notre industrie. — Les milliards dispersés à tous les vents sont une force perdue pour la guerre actuelle. — L'argent français a payé les fournitures de guerre faites par les Allemands à la Bulgarie et à la Turquie. — Nos capitaux fournis à l'Allemagne, même au moment où celle-ci se faisait le plus menaçante. — Un mouvement d'opinion se dessinait avant la guerre contre notre oligarchie capitaliste. — Nos grandes banques dirigées, inspirées ou contrôlées par des étrangers. — Notre diplomatie n'ose pas s'appuyer sur les dirigeants de notre haute banque, qui ne sont pas français ou ne pensent pas en français.*

———

L'étude attachante et fortement documentée que J.-E. Favre consacre à *la Banque de Paris et des Pays-Bas* et qui met en lumière l'œuvre antinationale de cet établissement, pris comme exemple caractéristique, vient bien à son heure.

C'est en pleine crise, c'est au cours de cette guerre où se joue l'avenir de notre pays, qu'il importe de préciser avec fermeté les grands problèmes de réorganisation qui se poseront après la victoire et dont la solution doit être préparée dès maintenant si l'on ne veut pas, une fois de plus, arriver trop tard.

Dans l'ordre économique, il n'en est peut-être pas de plus urgent à résoudre que celui de notre organisation bancaire.

Un grand et bon Français, l'Alsacien Léon Boll, qui publiait en langue française, à Strasbourg, *le Journal d'Alsace-Lorraine*, a pu écrire peu de temps avant la guerre :

« Les Banques allemandes sont nationales, les Banques françaises sont internationales ».

C'était fixer, en quelques mots, la cause principale de l'affaiblissement économique dont souffrait notre pays, si riche, mais dont la puissance financière s'employait entièrement au profit de l'étranger et au détriment de notre industrie et de notre commerce, privés de capitaux et de crédit.

Les résultats de la politique financière de certaines grandes banques se résument dans une formule répétée à satiété par un des bénisseurs les plus illustres de la presse financière, un de ces « économistes éminents » qui s'efforcent de réduire l'économie politique à quelques évidences, à quelques recettes et à quelques formules à la portée des moindres intelligences capitalistes :

« La France est *créditrice* partout, *débitrice* nulle part » (1).

Le malheureux croyait ainsi mettre en évidence la situation, privilégiée à ses yeux, de notre pays. Il ne voyait pas ce qu'il y a de comique — de profondément triste, devrait on

1. L'auteur de cette formule, qui prétend justifier la plus folle des politiques financières, n'est autre — pourquoi ne pas le nommer ? — que M. Alfred Neymarck, directeur du *Rentier*. On verra, plus loin, que M. Alfred Neymarck est actionnaire de *la Banque de Paris et des Pays-Bas*: c'est là, semble-t-il, un fait de nature à diminuer sinon son indépendance, au moins sa clairvoyance.

dire, maintenant qu'on juge avec le recul des événements — dans ce cri triomphant : « Le monde entier nous doit de l'argent ! »

Oui, le monde entier nous doit de l'argent. Et c'est précisément pour cela que notre industrie et notre commerce n'ont jamais eu le crédit qui leur était indispensable. La guerre nous a trouvés avec une industrie minière et métallurgique insuffisamment développée, avec une industrie chimique presque inexistante, pour ne parler que des industries essentielles à la défense nationale (1). Mais en revanche, il n'est pas d'État exotique qui n'ait été fourni par nous de capitaux.

Ces capitaux exportés avant d'avoir satisfait aux besoins nationaux sont une force de guerre que la politique de nos banques a, par avance, diminuée. La France ne s'est pas trouvée, dans la crise sans précédent qu'elle traverse, en possession de la plénitude de sa puissance financière. Les milliards dispersés à tous les vents sont une arme perdue. Transformés en instru-

---

1. « Et puis, à quelque temps de là, la guerre éclate — car tout arrive, même la guerre — et l'on s'aperçoit que *des articles indispensables pour la défense nationale ne sont plus produits en France.* » (M. Landry, député. Séance de la Chambre du 14 janvier 1916).

ments nationaux de production industrielle ou commerciale, de quel poids ne pèseraient-ils pas aujourd'hui dans la balance de la guerre? On se sent pris d'une intime colère en songeant qu'ils ont été ravitailler d'argent un Mexique et un Brésil qui ne paient même pas les intérêts de leur dette; que — fait plus grave encore et plus douloureux — c'est l'argent français qui, à la veille encore du conflit, a permis à la Bulgarie et à la Turquie de payer à l'Allemagne leurs commandes de matériel de guerre.

A nos ennemis les plus directs et les moins douteux, aux Allemands eux-mêmes, la finance française n'a cessé de fournir un concours dont le moins qu'on puisse dire est qu'il dénote, de la part de nos banques, une incompréhension totale de leurs devoirs nationaux. L'écrivain que dissimule le pseudonyme de Lysis a résumé ainsi cette situation, bien avant la guerre : *Tout l'argent qui manque aux banques allemandes pour faire marcher le commerce allemand, l'industrie allemande et pour soutenir le gouvernement allemand dans sa politique d'armements, ce sont les banques françaises qui le fournissent.*

De cette affirmation, Lysis a fourni la démon stration la plus claire, en s'appuyant sur des documents irréfutables (1).

C'est aux instants les plus critiques, dans des conjonctures qui ne permettaient guère de croire au maintien durable de la paix, que les banques françaises exportaient le capital français au profit de l'industrie et du commerce allemands. En voici une preuve typique.

En février 1913, au moment des armements formidables de l'Allemagne, au lendemain même du discours retentissant du chancelier qui, malgré sa forme pacifique, menaçait directement notre sécurité nationale et nous laissait prévoir de graves complications, on fut très agréablement surpris, à Berlin, d'apprendre qu'une grande banque française *offrait* à 3 7/8 o/o, des sommes d'argent assez considérables.

Ce fut, d'un bout à l'autre de la presse boche, un soupir de soulagement et un cri de joie. Qu'on en juge par cet accès de lyrisme reconnaissant de *la Tæglische Rundschau*, le grand organe pangermaniste :

« La Bourse est *toute joyeuse et toute animée par les offres d'argent venues de France*.

1. *Les Capitalistes français contre la France.*

Ce n'est pas tant la somme qui, en soi, n'est pas très considérable, mais le fait qui mérite l'attention et provoque à la Bourse les espérances les plus favorables ; et, dans le sombre tableau que nous offre la politique étrangère, cette nouvelle est venue jeter comme un rayon de lumière. On en attend une *détente dans la situation monétaire de l'Allemagne* et on espère que *l'industrie allemande pourra se tirer d'affaire très rapidement.* »

Ainsi donc, l'Allemagne préméditant son attaque, consacrait des sommes énormes à sa préparation militaire. Son industrie, obligée de faire face à un effort exceptionnel, manquait de capitaux : ces capitaux lui étaient offerts à moins de 4 o/o par la finance française, auprès de laquelle le commerce et l'industrie nationale sollicitaient vainement du crédit, même à un taux beaucoup plus élevé !

*
* *

En présence de telles constatations, faut-il s'étonner si, dès avant la guerre, un mouvement croissant d'hostilité se dessinait, aussi bien dans le public qu'au Parlement, contre certains grands établissements financiers et, d'une manière générale, contre l'oligarchie capitaliste ? Ce mouvement n'avait pas seulement sa source dans les pertes formidables infligées à l'épargne par les placements exotiques dont la plupart de nos grandes banques portent la responsabilité. Il avait des causes plus profondes et d'un ordre plus élevé. On reprochait précisément à ces établissements une conscience insuffisante de leurs devoirs nationaux. On s'étonnait, on commençait à s'indigner de constater que, dans trop de cas, ce sont des étrangers qui président à leurs destinées.

Les *financiers français...* ? Il suffisait, avant le guerre, d'en parler à un Allemand un peu averti pour le faire rire à gorge déployée.

Un exemple vécu suffira à légitimer cette hilarité. L'auteur de ces lignes rentrait par le rapide de Bruxelles à Paris, au début de 1914. Le rapide ramenait à Paris les représentants de la haute finance française, qui venaient de se réunir à Bruxelles, avec ceux de la finance allemande et de la finance belge, au sujet du *Consortium d'Electricité* de Constantinople. Quels étaient ces représentants ? M. Albert Turrettini, citoyen suisse, directeur général de la *Banque de Paris et des Pays-Bas* ; M. Emil Ullmann, allemand naturalisé, directeur du *Comptoir*

National d'Escompte (1) ; M. Arthur Spitzer, autrichien naturalisé, représentant de la *Société Générale* (2) !

Voilà les gens à qui la finance française avait, dans une entreprise de haute importance, délégué la défense des intérêts nationaux.

* * *

Cette situation paradoxale — nos grandes banques dirigées, inspirées ou contrôlées par des étrangers — n'a pas été sans embarrasser singulièrement notre diplomatie et sans lui rendre la tâche fréquemment pénible.

En voici un exemple. A la fin de 1913, des conversations diplomatiques s'engagèrent entre la France et l'Allemagne, au sujet de la délimitation de leurs sphères respectives d'influence économique en Asie Mineure. Les conversations se poursuivirent à Berlin, entre l'Office allemand des Affaires étrangères et l'ambassadeur de France, M. Jules Cambon.

Des conseillers financiers furent adjoints aux négociateurs et l'on put constater, non sans surprise, que le négociateur allemand s'était

1. M. Emil Ullmann a dû, depuis la guerre, donner sa démission.

2. La banque Spitzer a été mise sous séquestre.

adjoint un financier « privé », M. von Gwinner, président de la Deutsche Bank, alors que, du côté français, on avait choisi un financier « officiel », M. Sergent, ancien directeur du Mouvement des fonds au ministère des Finances, sous-gouverneur de la Banque de France.

Il y a là un fait particulièrement significatif. En Allemagne, les grands financiers, qui représentent un élément actif et essentiellement national de la puissance du pays, sont officiellement mêlés à l'étude, à la préparation et à l'exécution des grands desseins économiques de l'empire. En France, on *doit* les tenir à l'écart. Qui oserait faire grief à un gouvernement d'avoir hésité à confier la défense des intérêts français aux représentants de la haute banque ? Voit-on par exemple le ministre des Affaires étrangères faisant appel, comme conseiller financier, auprès de notre ambassadeur à Berlin, à Emil Ullmann ou à Arthur Spitzer, austro-boches naturalisés à la Delbrück, ou à M. Albert Turrettini, citoyen suisse, aux multiples attaches allemandes, qui règne sur la *Banque de Paris et des Pays-Bas* ? (1)

1. Notons encore un fait. Les modalités financières de l'accord relatif à l'Asie-Mineure furent réglées, du côté allemand, par la *Deutsche Bank*, organisme exclusivement

C'est une situation sans exemple que celle d'un grand pays, un des plus riches du monde, confiant la gestion de ses richesses à des étrangers, et tolérant que ces étrangers l'en dépouillent, soit au profit de ses ennemis, soit au profit de neutres trop souvent insolvables.

II. — Construire ou détruire

Deux finances : la finance constructive (banques allemandes) qui se considère comme un moyen, pour atteindre un but qui est le développement industriel et commercial du pays; la finance destructive (banques françaises) qui se considère comme une fin en soi. — Comment une Banque de Paris et des Pays-Bas *s'est employée à détruire la puissance française et à assurer la prééminence ennemie. — Elle n'est pas seule coupable : le mal est général. — Le rôle d'Emil Ullmann, Allemand naturalisé, dans l'avant-guerre financière : l'agent le plus conscient, le plus actif et le plus redoutable de l'investissement financier et économique de notre pays. — Quelques polémistes avaient, bien avant la guerre, signalé le danger de l'emprise germanique.*

Ce n'est point assez de constater, comme

national, et du côté français, par la *Banque Ottomane*, organisme cosmopolite, actuellement séquestré au titre d'intérêts *allemands, autrichiens* et *turcs !*

Léon Boll, que les banques allemandes sont nationales, les banques françaises internationales.

On doit considérer qu'il y a deux finances : la finance *constructive* et la finance *destructive*. La finance *constructive* a des attaches intimes avec le sol et la race par les entreprises industrielles et commerciales qu'elle crée ou alimente. Elle se considère non comme un but, mais comme un moyen. Cette finance constructive — et par voie de conséquence éminemment nationale — est en réalité un rouage aussi précieux de l'organisme social que l'agriculture, l'industrie et le commerce, qui ne peuvent aujourd'hui se développer sans elle, pas plus qu'elle ne peut subsister sans eux. La finance que nous appelons *destructive* est caractérisée au contraire par ce fait qu'elle se considère comme une fin en soi : elle se satisfait avec des différences de Bourse, elle ne songe qu'à faire passer le plus d'argent possible entre ses mains. Elle ne veut pas de bonnes affaires, surtout pas d'affaires industrielles nationales, qui comportent une large part de responsabilités pour un profit modéré; il lui faut de mauvaises affaires à grosse commission : elle est comme ces usuriers qui entendent ne prêter qu'à de jeunes noceurs et point à des gens sérieux en quête de capitaux pour leur commerce ou leur industrie.

Les banques allemandes appartiennent essentielle à la finance *constructive*, les nôtres — en grande majorité — à la finance *destructive*.

Quand une *Banque de Paris et des Pays-Bas* émet à 415 francs — Rochette fit-il jamais mieux ? — des actions de 250 francs de la *Foncière du Mexique* qui, deux ans après, valent le poids du papier ; quand elle fait prêter par les capitalistes français 15 millions à un gouvernement mexicain *sans existence légale*, dont la signature est actuellement désavouée; quand elle répand sur le Brésil — emprunts d'État et de provinces, gouffre de la *Brazil Railways* — plus de DEUX MILLIARDS dont les intérêts ne sont plus payés, que fait-elle sinon détruire du capital français ? (1) Quand elle ravitaille d'ar-

1. Il n'est pas inutile de constater qu'en matière de prêts au Brésil, la *Banque de Paris et des Pays-Bas* s'est presque exclusivement intéressée aux États du Sud de la Confédé - ration où sont installées de véritables colonies allemandes et où l'influence germanique est toute-puissante. C'est grâce à l'argent français que ces États ont été dotés de chemins de fer, dont la construction a été faite et le maté riel fourni par l'industrie allemande. L'émission de l'emprunt 5 o/o 1905 de l'État de Saô-Paulo (96 millions de francs) a été réalisée par la *Banque de Paris* en collaboration avec la *Dresdner Bank* qui était la principale con-

gent la Bulgarie et la Turquie, n'est-ce point du sang français qu'elle fait couler? Quand, refusant tout concours aux entreprises nationales, elle soutient de nos capitaux l'industrie ennemie, quand elle met notre épargne à la disposition de l'Allemagne pour la réalisation de ce *Chemin de fer de Bagdad*, dont Siegmund Schneider a dit qu'il était « le plus grand triomphe de la politique allemande en Orient », ou pour le développement de cette *Banca Commerciale Italiana* que M. Landry, à la tribune de la Chambre, a désignée comme « le grand instrument économique et politique de l'Allemagne en Italie », que fait-elle? Elle détruit de la puissance française, elle assure la prééminence ennemie.

tractante. Ce fait acquiert une signification particulière quand on lit des déclarations du genre de celle-ci, dont l'auteur est le célèbre économiste Schmoller, le conseiller très écouté de Guillaume II : « Nous devons souhaiter qu'*à tout prix* se constitue, *dans le sud du Brésil, un pays allemand peuplé par trente millions de sujets allemands.* Peu importe que ce pays reste une partie du Brésil ou *devienne un Etat indépendant ou entre dans des relations plus intimes avec l'empire allemand* ; il faut en tout cas, *que les navires de guerre allemands* assurent des communications permanentes et *la possibilité d'une intervention de l'Allemagne au Brésil.* »

* * *

Nous prenons ici à titre d'exemple une des grandes coupables, la *Banque de Paris et des Pays-Bas*, à laquelle est consacrée l'ouvrage que préfacent ces lignes. Elle n'est point la seule coupable. Pour si douloureuse que soit cette constatation, il faut l'écrire : il n'est pas une seule de nos grandes banques qui n'ait méconnu ou insuffisamment rempli son devoir national, qui ne se soit plus ou moins consciemment employée à faire de notre finance la vassale et l'auxiliaire de la finance austro boche. Qu'on ne crie pas à l'exagération. Depuis plusieurs années, l'auteur de ces lignes n'a cessé d'attirer l'attention sur cette redoutable situation et ses révélations, toujours appuyées de documents, n'ont fait s'élever aucun démenti, aucune contradiction.

D'autres voix autorisées, ont dans des directions différentes, mené campagne sur le même sujet. Les études de Lysis : *Contre l'Oligarchie Financière en France*, *les Capitalistes Français contre la France* constituent l'acte d'accusation le plus formidable qu'on ait dressé contre nos banques. Les admirables campagnes du grand polémiste Léon Daudet, dans *l'Action Française*, ont, à diverses reprises, semé la panique dans la horde de faux naturalisés et de métèques qui dirigent notre oligarchie financière et obligé certains d'entre eux à quitter les postes qu'ils occupaient.

Il n'est pas jusqu'à la grande presse d'information, trop souvent muselée, qui n'ait fini par s'émouvoir. Dans *le Journal* du 16 novembre 1913, un écrivain financier des plus distingués, M. Philouze, écrivait sous le pseudonyme de Plutus, les lignes suivantes :

« Les financiers étrangers, depuis quelques années, se sont infiltrés dans tous les rouages de notre organisme financier. *On en trouve partout: Allemands, Suisses, Hollandais, plus ou moins naturalisés, mais dont l'âme, l'esprit et le cœur sont demeurés allemands, suisses ou hollandais.* Ils encombrent la coulisse, ils trônent dans les conseils d'administration... N'avons-nous donc plus, en France, de financiers capables de présider à la direction de notre épargne, de nos entreprises industrielles, commerciales ou financières ? Et à quel point d'aveulissement sont donc tombés certains milieux, et non des moindres, du monde de la finance, pour que, non contents d'avoir à leur tête ou dans leurs conseils des étrangers ou des Français... d'occasion, ils se laissent aller jusqu'à subir l'influence déprimante de leur cosmopolitisme sceptique, décevante, paralysateur des énergies et des initiatives nationales ? »

Le Matin du 13 avril 1914 publiait, sous la signature de son rédacteur en chef Stéphane Lauzanne, l'avertissement significatif qui suit :

« Il faudrait *que les dirigeants de la finance française se décidassent à élever enfin leur patriotisme à la hauteur des millions qu'ils manipulent* et que, lorsqu'ils traitent une affaire avec le gouvernement roumain, ils ne lui disent plus ce qu'ils disaient l'an dernier à son ministre des Finances stupéfait :

— Nous voulons bien nous entendre avec vous, mais à la condition que les banques allemandes, *avec lesquelles nous avons un accord*, participent à l'affaire... »

Sur le même sujet, et à propos du même incident, voici ce qu'écrivait M. René Moulin, rédacteur en chef de *la Revue Hebdomadaire* :

« Que d'affaires existent là-bas, soutenues et patronées par des banques allemandes qui sont commanditées — la chose est à peine croyable — par l'argent français. M. Nicolas Xénopol, l'ancien ministre des Travaux publics, disait l'an dernier à M. Paul Labbé : « Les capitaux français viennent chez nous comme des petits garçons, toujours confiés à la garde de gouvernantes allemandes. Ils sont pourtant assez grands pour voyager tout seuls. »

« Voici des *Anges Gardiens* que M. Marcel Prévost n'avait pas prévus. Ils sont à coup sûr infiniment plus dangereux. Peut-être serait-il sage de nous en débarrasser. *Peut-être aussi pourrions-nous réclamer de nos financiers un patriotisme un peu moins discret.* Si, au mois de septembre dernier, l'emprunt roumain a finalement échoué à Paris, n'est-ce point parce qu'un de nos grands établissements de crédit (1) s'est obstiné à demander une participation plus considérable pour... *des banques allemandes.* Quel maquignonnage ! disait, avec amertume, un des

1. L'établissement de crédit auquel il est fait allusion, à propos de cet incident scandaleux, n'est pas la *Banque de Paris et des Pays-Bas.* Il s'agit de l'établissement « National » dirigé par l'allemand Emil Ullmann.

L'auteur de cette *Introduction* étudie, dans un ouvrage qui paraîtra prochainement, l'ensemble de la question d'avant-guerre financière. Il y met à sa place, la première, Emil Ullmann, qui fut l'agent le plus conscient, le plus actif et le plus redoutable de l'investissement financier et économique de notre pays. Fourrier de l'invasion militaire, il a été l'organisateur d'un véritable centre financier d'avant-guerre, dont la dissociation — il importe de l'établir — est beaucoup plus apparente que réelle.

négociateurs de l'emprunt et non des moindres. Maquignonnage, c'est bien cela. Et le mot n'est pas trop fort. »

III. — Diplomatie, Politique, Finance

Notre diplomatie n'a pas toujours eu un sens exact de l'importance nationale des questions économiques et financières. — Un ambassadeur de France, M. Ph. Crozier, accepte un poste d'administrateur à la Lænderbank, banque essentiellement impérialiste. — Un homme politique français éminent, M. Paul Doumer, se fait avec une regrettable ardeur le champion d'un rapprochement économique entre la France et l'Autriche, ayant pour but de fournir à celle-ci des capitaux français. — Le rôle de M. Sieghart et du chevalier W. von Adler, chef de service dans une de nos grandes banques de dépôts, quoique Autrichien. — Un ancien ministre des Finances, M. Ch. Dumont, devenu président d'une grande banque, mêlé à ces tractations. — Un exemple typique : M. Maurice Rouvier, ancien ministre des Finances, constituant une banque, accepte ou sollicite le concours de la Deutsche Bank ; son rôle dans l'affaire du Bagdadbahn. — M. Joseph Caillaux, ancien ministre des finances, a pour parrains, dans la finance active, deux naturalisés : Emil Ulmann allemand, et Arthur Spitzer, autrichien. — Comment il était entouré au Crédit Foncier Argentin *et au* Crédit Foncier Égyptien. — *Inquiétante collusion de la politique et de la finance dans les crises de 1905 et de 1911.*

Si notre diplomatie n'a pas rencontré auprès de la finance française le concours patriotique que les financiers allemands fournissent si largement à la leur, il faut reconnaître aussi qu'elle-même n'a pas toujours eu un sens très exact de l'importance nationale des questions économiques et financières.

On a pu voir avec stupeur un ambassadeur de France, M. Philippe Crozier, chargé pendant plusieurs années de réprésenter la France à Vienne, accepter un poste d'administrateur à la *Banque I. R. P. des Pays-Autrichiens* (Lænderbank), banque essentiellement impérialiste, intimement mêlée à l'expansion autrichienne dans les Balkans par ses filiales : *Banque de Crédit Roumain, Banque de Crédit Serbe, Banque Centrale musulmane pour la Bosnie et l'Herzégovine,* etc. En 1913, la *Lænderbank* a pris des participations dans les affaires suivantes : *Emprunt 4 o/o de l'Empire allemand; Consolidés Prussiens 4 o/o; Bons du Trésor Prussien 4 o/o; Avances à la Cie du Chemin de fer de Bagdad*. M. Crozier, ambassadeur de France, a eu, comme administrateur, à approuver ces participations : le fait se passe de commentaires. Ajoutons que la *Lænderbank* comptait un autre administrateur français, M. le baron Hély d'Oissel, président du Conseil d'administration de la *Société Générale*, de Paris, dont M. Ph. Crozier est également administrateur. La *Société Générale* est d'ailleurs étroitement liée à la *Lænderbank*, avec laquelle elle a, notamment, créé en 1910 l'*Union métallurgique et minière en Russie*, où M. Paul Doumer, ancien Président de la Chambre, occupe une situation éminente.

* * *

M. Ph. Crozier (1) et M. Paul Doumer s'employèrent parallèlement, avant la guerre, à faire réussir des tractations qui n'avaient en somme d'autre but que l'exportation du capital français au profit de la puissance triplicienne.

Les efforts de ces grands courtiers politico-financiers s'exercèrent particulièrement à partir du début de 1913. La situation financière de l'Empire austro-hongrois devenait de plus en

1. Celui-ci n'attendit même pas sa sortie du service de lE'tat pour s'entremettre dans les opérations financières.

plus difficile et des efforts désespérés étaient faits pour conclure des emprunts clandestins. L'archiduc héritier lui-même mettait tout en œuvre pour remplir les caisses de la monarchie. C'est ainsi que, sous ses auspices et en se recommandant de la légende qui le représentait comme une sorte de chevalier rêvant de rendre à l'Autriche catholique la suprématie sur l'Allemagne protestante, de hauts seigneurs catholiques s'employaient dans le monde *bien-pensant* français, à obtenir le placement en Autriche de fonds déposés dans des banques suisses et belges.

Parallèlement, les financiers juifs, dont on connaît le dévouement traditionnel aux Habsbourg, poursuivaient une active campagne auprès des grandes banques françaises pour la plupart soumises à l'influence juive. Parmi les plus actifs de ces sémites, se plaçait au premier plan M. Sieghart, anciennement Singer, naguère premier chef de division au ministère de l'Intérieur, actuellement gouverneur du *Crédit Foncier d'Autriche*. M. Sieghart, qui est un habile homme, avait imaginé, pour affecter favorablement le capital français, la fantasmagorie du Métropolitain de Vienne. On laissait croire à un consortium français que l'entreprise lui serait concédée. Il s'agissait simplement d'amuser les Français et de les séduire, en vue d'obtenir leur concours financier dans les graves conjonctures traversées par l'Empire ; on les conduirait ainsi jusqu'à la fin de la crise financière, époque où l'entreprise serait donnée à un groupe de banques viennoises, qui se tenait dans la coulisse, mais dont le contre-projet était déjà accepté en principe. Les fréquentes apparitions à Vienne de M. Philippe Crozier n'avaient pas d'autre objet que de préparer, avec M. Sieghart, le succès de ces tractations.

Mais le résultat se fait attendre. L'archiduc héritier se décide à faire à Londres un voyage qui est surtout une « démarche financière ». Les Anglais, pratiques, lui donnent de bonnes paroles, mais point d'argent.

On reparle donc d'un emprunt en Allemagne, mais les amis et alliés semblent peu empressés de secourir la monarchie dualiste qui a besoin de quelque 1.500 millions de francs. Et les yeux se tournent une fois de plus vers la France, si bonne fille. Une banque de dépôts, — protégée de la *Banque de Paris et des Pays-Bas* — tâte le terrain pour le lancement d'un emprunt autrichien : l'intermédiaire est le chevalier Wilhelm von Adler, sujet autrichien, qui règne en maître au service des études de cette banque de dépôts (1). Mais des protestations s'élèvent et on doit renoncer à l'émission. Alors on cherche une combinaison, qui ne heurte pas l'opinion française.

L'emprunt, au moins pour l'instant, étant impossible, on tente de préparer l'opinion à un « rapprochement économique » entre la France et l'Autriche. C'est tendre au même but par des voies détournées.

M. Paul Doumer, que sa situation au *Crédit Français* et dans les grandes affaires industrielles russes, lie intimement au grand établissement austrophile de notre place, entre en scène et se fait le champion de ce rapprochement. Il fait au *Matin*, à la fin de décembre 1913, des déclarations, dans lesquelles nous relèverons les passages suivants :

« *Il n'y a jamais eu à Vienne, même aux heures les plus difficiles, aucune hostilité à l'égard de notre pays.* En fait, il y existe beaucoup de sympathies que la politique internatio-

---

1. Notons, en passant que ce service est un des plus importants et celui où l'intérêt national est à chaque instant mis en jeu : c'est en réalité le Service des études, qui décide de la conclusion des affaires et de l'orientation à donner aux capitaux de la clientèle.

nale a contraintes de se montrer discrètes ou de rester cachées. »

Les événements qui se sont déroulés depuis trois ans, n'ont pas réussi à nous révéler ces sympathies !

Et plus loin, après avoir parlé de l'accord relatif aux *Chemins de fer Orientaux :*

« Cet acte ne peut qu'être le prélude d'un rapprochement économique entre la France et l'Autriche-Hongrie, aussi favorable d'ailleurs à un pays qu'à l'autre. De plus, la France doit prendre dans les Balkans une situation morale et matérielle des plus enviables.

« Ce premier résultat obtenu à Vienne est dû à la bonne volonté générale et au désir sincère d'entente que nous avons rencontrés, mais particulièrement aux efforts habiles et conciliants de *M. W. d'Adler, délégué de l'Autriche-Hongrie à la conférence internationale balkanique de Paris. M. d'Adler, que des liens de famille unissent à la France, sait mettre d'accord son patriotisme autrichien et l'amour qu'il professe pour notre pays.* Tous ceux qui, ici, le connaissent, ont en lui une pleine confiance.

« Je dois vous signaler aussi *l'aide que nous avons eue, pour arriver à une heureuse conclusion, en M. Sieghart, gouverneur du Crédit*

Foncier d'Autriche, dont les efforts en vue d'un rapprochement économique entre les deux nations ne datent pas d'aujourd'hui. »

Quel étrange parfum exhalent les fleurs, dont M. Doumer couvrait ce Wilhelm von Adler, *délégué de l'Autriche-Hongrie à la Conférence balkanique*, en même temps que *chef de service dans une de nos grandes banques de dépôts !* Rappelons seulement, en ce qui concerne M. Sieghart, que ce prétendu partisan d'un rapprochement avec la France s'est révélé, depuis la guerre, comme un pangermaniste passionné et s'est fait l'artisan le plus ardent de la constitution de cette *Mitteleuropa* qui réunirait l'Allemagne et l'Autriche en un seul bloc économique et militaire. C'est un de ces financiers politiciens soumis à l'influence des von Gwinner et des Hellferich, de Berlin, et dont son rival le D[r] von Spitzmüller, Directeur de l'*Œsterreichischer Kredit-Anstalt*, également fort lié avec la finance française, constitue un autre type.

En 1914, l'affaire du Métropolitain de Vienne revient sur le tapis, toujours pour servir de prétexte à un prêt d'argent français à cette Autriche, qui, depuis 1909, ne cessait d'entretenir, dans les Balkans, le foyer d'incendie, grâce auquel elle allait embraser toute l'Europe.

Le 9 juillet 1914, c'est-à-dire *trois semaines à peine avant la conflagration*, *le Financial News* publiait la dépêche suivante, qui ne fut l'objet d'aucune rectification :

Vienne, 9 juillet. — On dit ici qu'un financier parisien, M. Dumont, aurait fait savoir que le gouvernement français se montrerait disposé à accorder l'inscription à la cote de Paris pour l'emprunt viennois du chemin de fer souterrain. Si cette information se confirme *et si, par cela même des banques françaises offrent des conditions acceptables pour prendre des obligations de la municipalité de Vienne*, la participation d'un groupe français, laquelle jusqu'à présent paraissait peu probable, serait acquise en ce qui concerne la partie financière de l'entreprise et la construction de la ligne souterraine.

Le « financier parisien » en question a acquis quelque notoriété comme ministre des Finances ; on se souvient que, quelque temps après la chute du cabinet Barthou, M. Charles Dumont entra, comme président du Conseil d'administration, à la *Société Centrale des Banques de Province*, depuis longtemps en pourparlers avec la finance autrichienne au sujet de l'affaire du *Métropolitain de Vienne* (1).

1. Dans cette affaire, à s'en tenir aux bases dernières des négociations, la finance française allait, une fois de plus,

Il fallut la déclaration de guerre pour faire abandonner ces regrettables tractations et pour que la *Société Centrale des Banques de Province*, dont le titre constitue implicitement un beau programme d'action provinciale — mais que sont les programmes électoraux ou autres. M. Ch. Dumont ? — s'aperçut que Vienne (Autriche) ne doit pas être confondu avec Vienne (Dauphiné) (1).

** * **

Ces exemples ne sont pas isolés dans l'histoire des relations de nos hauts fonctionnaires ou de nos hommes politiques avec la finance.

Je n'en veux citer que deux autres, destinés à prendre place dans l'histoire de notre régime ploutocratique.

Quand Maurice Rouvier, ancien ministre des Finances, constitue, en 1901, avec les débris des deux affaires déjà fort internationalisées, la *Banque Internationale de Paris* et la *Banque*

tirer les marrons du feu pour l'industrie germanique : en effet, les trois quarts des capitaux devaient être fournis par les banques françaises, mais les trois quarts des travaux et des fournitures allaient aux Sociétés allemandes d'électricité... — (*La Journée financière*, 16 mars 1914).

1. La *Société Centrale des Banques de Province* n'en était pas au début de ses relations avec l'Autriche : elle avait déjà émis en 1911 un *Emprunt 4 o/o de la Basse-Autriche*.

Française de l'Afrique du Sud, sa *Banque Française pour le Commerce et l'Industrie*, — un beau titre encore, et plein de promesses —, où va-t-il chercher des participants ? *En Allemagne*. Le Dr Eugen Kauffmann écrit, sans ambages, dans son ouvrage sur *la Banque en France* (das französiche Bankwesen) : « Une autre partie des actions [de la Banque Rouvier] a été souscrite par des capitalistes étrangers, entre autres par la *Wurttembergische Vereinsbank*, qui a un représentant au Conseil (1) ». Or, qu'est la *Wurttembergische Vereinsbank ?* Purement et simplement une filiale de la *Deutsche Bank*, qui participa ainsi, par personne interposée, à la constitution de cet organisme destiné, à sa création, comme tant d'autres, à favoriser le commerce et l'industrie en France !

Faut-il s'étonner si M. Maurice Rouvier s'est fait un des artisans les plus dévoués de la réalisation du *Chemin de fer de Bagdad*, œuvre d'action germanique mise sur pied par la *Deutsche Bank ?*

1. Ce réprésentant est M. A. von Kaulla. On trouve également dans le Conseil: M. Siegmund Einhorn, administrateur de la *Société anonyme Hongroise de Banque et de Commerce*, et M. J. de Gunzburg, dont le nom et celui de son associé Siegmund Neumann sonnent étrangement aux oreilles françaises.

Citons seulement ce qu'écrivait M. André Chéradame, dans sa magistrale étude sur *le Chemin de fer de Bagdad* :

« Nous nous trouvons en face de cette situation exceptionnelle et sans précédent : un ministre des Finances français s'entremettant avec ardeur pour la réussite d'une entreprise étrangère colossale et exclusivement allemande.

... « Avant de redevenir ministre, M. Rouvier dirigeait une banque privée. Les affaires mirent cet établissement financier en rapport avec de nombreuses banques allemandes, avec la *Deutsche Bank* notamment, l'instrument le plus actif de l'influence allemande en Turquie. D'accord avec la *Deutsche Bank*, M. Rouvier élabora un projet d'unification de la dette ottomane.....

« On a vu comment ce projet était adapté aux nécessités de l'affaire de Bagdad et que, pour cette cause, l'ambassadeur d'Allemagne mettait une insistance significative à obtenir du sultan l'acceptation du projet Rouvier.

« En juin 1902, M. Rouvier prit le portefeuille des Finances, dans le ministère Combes, et après qu'il fut ministre, M. Rouvier continua à pousser et à faire pousser son projet d'unification de la dette ottomane exactement comme auparavant.

« Par suite, toutes les personnalités que j'ai vues en Turquie, Français ou étrangers — parmi ces derniers, nombre de consuls et de membres du corps diplomatique — *considèrent M. Rouvier, ministre des Finances de la République en 1902-1903, comme le collaborateur très efficace de la politique allemande en Turquie et même, le mot m'a été dit, comme l'agent de la Deutsche Bank.* »

Faut-il s'étonner dans de telles conditions que la Banque *Française* fondée par Maurice Rouvier n'ait pas prêté au commerce et à l'industrie nationaux ce concours que son titre leur promettait si largement ? Ses préoccupations étaient ailleurs.

** * **

Quand un autre ancien ministre des Finances, M. Joseph Caillaux, décida d'entrer dans la finance active, quels furent ses parrains ? Deux naturalisés : Emil Ullmann, allemand et Arthur Spitzer, autrichien, dont la banque est actuellement sous séquestre.

Grâce à ces parrains, il devint président du *Crédit Foncier Argentin*, où le siège de vice-président était occupé par M. Albert von Bary, Consul général d'Allemagne à Anvers, représentant dans ce port du *Norddeutscher Lloyd*, et le plus actif agent de la pénétration allemande en Belgique et en Amérique du Sud. Dans le Conseil de la même société, siègent aussi M. Théodore von Bary, parent du précédent et allemand comme lui, M. Jacob Kade, de la maison Ernesto Tornquist, allemand, et M. Arthur Spitzer, nommé plus haut.

Au *Crédit Foncier Égyptien*, dont il devint également le président, M. Joseph Caillaux retrouvait Arthur Spitzer et un autre Spitzer, tous deux autrichiens, M. J.-H. Thors, administrateur de *Banque de Paris et des Pays-Bas*, d'origine hollandaise, et un certain nombre de Levantins sans nationalité bien définie.

Sans être particulièrement romanesque, on peut éprouver quelque vague inquiétude à songer que ce furent précisément Maurice Rouvier et Joseph Caillaux qui, l'un en 1905, l'autre en 1911, eurent à résoudre avec l'Allemagne, à propos du Maroc, des difficultés très graves, dans lesquelles les questions économiques et financières tenaient une place au moins aussi large que les questions politiques.

Faut-il rappeler au cours de la crise de 1905, la scandaleuse intervention du banquier berlinois Bleichrœder, s'agitant sans vergogne dans

nos milieux politiques et financiers, courant
d'Emil Ullmann à Rouvier, de Caillaux à Thors
et à Spitzer, de la puissante banque juive à la
haute banque protestante, passant du cabaret à
la mode aux couloirs de la Chambre, sautant du
cabinet directorial d'un établissement financier
dans certaines salles de rédaction pour « y faire
l'opinion », usant alternativement d'excessives
protestations d'amitié et de menaces à peine
déguisées, et appuyant ainsi l'action plus directe
de son compère Henckel von Donnersmarck,
ce singulier ruffian, négociateur officieux de
Guillaume II, qui venait exiger, au nom de son
maître, et obtint le renvoi de M. Delcassé ? Faut-
il rappeler, en 1911, la mission, vainement niée,
de M. Dorizon, chargé à Berlin, par Joseph
Caillaux, d'une tractation secrète, dont l'objet
n'est peut-être pas impossible à éclaircir et pour
laquelle le désignaient des liens étroits avec la
finance triplicienne ?

IV. — Vers une réforme bancaire

*Il a fallu la guerre pour qu'apparût le danger
de notre organisation financière. — Avertissements
donnés par M. Ribot aux grands établissements de*

crédit — Ces établissements doivent être mis en face de leurs devoirs. — L'oligarchie financière constitue un grave danger dans un pays où manque un pouvoir politique fort, pour lui faire équilibre. — Rôle important de l'opinion. — Il faut exiger des grandes banques la liquidation du passé et des garanties pour l'avenir. — Esquisse d'un nouveau régime légal des banques. — Nécessité d'une action gouvernementale constante et ferme.

Quoi qu'il en soit, on peut tirer de ces constatations historiques, une conclusion très nette. Ce n'est pas notre diplomatie, ce ne sont pas nos ministres des Finances qui auraient pu d'eux-mêmes imposer aux grandes banques, — dirigées par des étrangers ou liées étroitement à des banques étrangères — une politique financière nationale, de laquelle eux-mêmes ne paraissent avoir eu qu'une conscience insuffisante,

Pour qu'apparût le danger, aux yeux des moins prévenus, il aura fallu la guerre, déterminée par l'agression brutale et au demeurant maladroite de ces Allemands qui n'avaient qu'à attendre que fût terminée, pacifiquement, la conquête économique et financière de notre pays, déjà bien avancée. Il aura fallu la guerre pour qu'un homme aussi modéré et aussi respectueux des puissances établies que M. Ribot ait cru pouvoir, en parlant du rôle de nos grandes Sociétés financières, faire, à la tribune, une allusion directe aux nécessités d'ordre national qui s'imposeront à elles ou qu'on leur imposera.

Une transformation radicale devra s'opérer dans leurs méthodes. Elles devront être soumises à un régime légal qui ne leur permettra plus d'ignorer que, détentrices de la grande majorité de la fortune publique, comme banques de dépôt, ou disposant de la faculté d'orienter presque à leur volonté les capitaux nationaux, comme banques d'affaires, elle ont des devoirs plus encore que des droits et qu'elles ne peuvent plus se régler uniquement, comme elles l'ont fait, sur l'intérêt égoïste de leurs actionnaires et plus encore de leurs administrateurs.

Une oligarchie financière constitue un redoutable danger dans un pays où l'autorité politique, issue de l'élection, — dans laquelle l'argent joue un si grand rôle, — est émiettée, divisée entre un Parlement aux mille têtes et un gouvernement instable. Sans le contrôle qui ne peut être exercé que par la tradition nationale — fort mal représentée actuellement par notre bureaucratie — l'oligarchie financière en arrive forcément à se laisser dominer par la finance internationale, et, dans celle-ci, par la finance des pays les plus fortement organisés, c'est-à-dire de ceux, où une autorité, assurée de la continuité du pouvoir, dépositaire des traditions nationales et dont les intérêts sont identifiés à ceux du pays, fait de la finance un de ses instruments de puissance extérieure et d'expansion économique : c'est le cas de nos ennemis.

A défaut d'une modification profonde et prochaine de notre organisation politique, et au nom du principe du moindre mal, l'opinion, seule puissance sur laquelle ou puisse compter en l'espèce, pour fragile qu'elle soit, doit exiger que des mesures sérieuses soient prises pour arrêter le gaspillage et la dilapidation de notre puissance financière.

Les grandes banques devront être mises en demeure de liquider les intérêts de la finance austro-boche dans leurs affaires et de rompre tous accords ou conventions, qui les lieraient à cette finance. Des garanties seront exigées en ce qui concerne leur personnel dirigeant : aucun sujet des puissances actuellement en guerre avec la France ne devra pouvoir, à l'avenir, siéger dans les conseils d'administration, ni occuper un poste de directeur ou de fondé de pouvoirs; des dispositions analogues devront être prises, suivant des modalités à étudier, à l'égard des naturalisés, anciens sujets des mêmes puissances Il ne paraît pas souhaitable d'interdiie absolument aux banques d'affaires de faire place aux autres étrangers dans leur personnel dirigeant: ce serait risquer de gêner leur activité et leur expansion dans des pays amis. Il suffira d'exercer sur elles, à cet égard, une surveillance officieuse, pour éviter que des hommes de paille neutres, par exemple, ne viennent remplacer les Austro-Boches expulsés. En ce qui concerne les banques de dépôts, détentrices d'une portion considérable de la fortune nationale, le doute n'est pas permis : pour faire partie de leur conseil d'administration ou y remplir les fonctions de chef de service, il doit être nécessaire *d'être né Français* (1).

Il n'est pas moins nécessaire d'obliger les Sociétés financières à mettre un peu de lumière

1. On peut objecter que la distinction entre banques d'affaires, et banques de dépôts est purement théorique, puisque les banques d'affaires acceptent des dépôts et que les banques de dépôts font des affaires. C'est exact. Mais il suffirait, pour obtenir des banques spécialisées surtout comme banques de dépôts les garanties nécessaires, de décider qu'aucune banque ou établissement similaire, qu'aucun individu faisant métier de banquier et payant patente à ce titre ne pourrait recevoir des dépôts sans une autorisation préalable qui ne serait accordée qu'autant que les garanties

dans leurs bilans, qui gagneraient en sincérité et en clarté à être établis sur un type comportant obligatoirement le détail de tous les postes, actif et passif, qu'exigent les règles normales de la comptabilité. On conçoit même très bien qu'un contrôle, confié à des inspecteurs des Finances, soit appelé à s'exercer régulièrement sur le fonctionnement administratif de ces sociétés, principalement de celles spécialisées comme banques de dépôts. Alors que la moindre entreprise d'assurance mutuelle ou de capitalisation est assujetie au contrôle de l'État, il est au moins anormal qu'une grande banque détenant près d'un milliard de dépôts et faisant constamment appel à l'épargne publique fonctionne en dehors de toute espèce de surveillance des pouvoirs publics.

Dans le même ordre d'idées, il paraît indispensable que des prescriptions légales imposent à toutes sociétés anonymes la publication au *Bulletin des annonces légales obligatoires* (Annexe du *Journal officiel*) de leurs actes

précisées ci-dessus seraient assurées. Il n'y a aucun inconvénient, semble-t-il, à apporter quelques restriction à la liberté absolue qui est laissée actuellement aux banquiers en matière de dépôts. Ce ne sont pas les capitalistes qui se plaindront de ces restrictions.

légaux (1) (*listes de souscription aux constitutions et augmentations de capital, statuts,
assemblées générales, bilan annuel*). En outre,
pour les banques et organismes similaires, il est
essentiel d'exiger, à la suite du bilan, la *composition détaillée du portefeuille-titres*. Ces
publications, imposées légalement en Belgique,
dans les annexes du *Moniteur*, permettent aux
intéressés, — actionnaires, obligataires et clients
— d'obtenir sur la situation et le fonctionnement
de la société des éléments d'appréciation que
leur refusent aujourd'hui toutes les grandes
banques françaises.

Enfin une action gouvernementale constante,
exercée prudemment, mais fermement, — et
dont le contrôle ne peut encore être assuré, sous
notre régime actuel, que par l'opinion — doit
obliger les grandes sociétés à s'inspirer des
principes du nationalisme financier pratiqué
outre-Rhin (1).

1. Actuellement, ces actes ne sont pas tous publiés (par
exemple, les listes de souscription). Les publications sont
dispersées dans un grand nombre de journaux parisiens et
départementaux désignés à cet effet, et à peu près impos-
sibles à retrouver. Certaines sociétés véreuses recherchent
même les journaux les moins lus pour y faire, sans bruit,
les publications exigées par la loi.

1. La formule peut paraître un peu vague, mais il n'y a
pas de règles précises à formuler par avance en cette

Ces mots de *nationalisme financier* ont le don d'exaspérer les économistes doctrinaires qui, avec leur « laisser-faire, laisser-passer » ont fait tant de mal à notre pays. Aux mots *d'inté-rêt national*, ces épiciers en cravate blanche vous répondent : *liberté du commerce !* Périsse la France plutôt qu'un principe ! Laissons-les dire. Le public ne les écoute plus. C'est déjà un des bienfaits de la guerre, qui a ruiné leur prestige en ridiculisant leurs prédictions.

Au surplus, les écrivains professionnels plus soucieux de réalités que de théorie et qui se classent, comme nous, parmi les *nationalistes financiers*, n'ont jamais prétendu interdire aux grandes sociétés financières de s'intéresser à des affaires au delà des frontières et d'y participer, le cas échéant, avec des banques étrangères. Ils se sont seulement élevés contre cette fâcheuse tendance de certains établissements, qui les pousse à délaisser les entreprises nationales, pour engager le capital français presque exclu-sivement dans des entreprises exotiques, dont les événements ont trop souvent démontré l'insuffisante sécurité. Ils ont aussi reproché à

matière. Chaque émission est un cas qui doit être exa-miné à part, en tenant compte de la situation économique et politique respective de l'emprunteur et du prêteur.

certains établissements d'avoir mal défendu les intérêts de l'industrie française, en acceptant de participer à certaines affaires dans des conditions de *vassalité* à l'égard de leurs co-participants étrangers, qui pouvaient ainsi assurer à leurs nationaux de fructueuses fournitures, payées par l'argent français : c'est ce qui s'est constamment produit avec l'Allemagne, à l'industrie de laquelle nos banques ont, en outre, fourni un appui pécuniaire direct. Mais, à aucun moment, les partisans d'un nationalisme financier raisonné n'ont prétendu *interner* le capital français, pour l'obliger à s'employer sur place, envers et contre tout. Leur doctrine peut se résumer ainsi : le capital français doit être *réservé aux industries françaises, dans les limites où celles-ci peuvent l'utiliser* et *le rémunérer ;* l'industrie française une fois satisfaite — il s'en faut de beaucoup — les banques ont le droit absolu et, jusqu'à un certain point, le devoir de faire participer le capital national, soit à des emprunts d'État. sous le contrôle officieux du gouvernement, soit, ce qui est plus souhaitable, à des entreprises étrangères, mais en subordonnant expressément leur concours à l'obtention d'avantages pour l'industrie et le commerce français dont elles assureraient ainsi l'expansion, en contribuant à l'accroissement de notre influence mondiale.

V. — Réalisation
des mesures de réorganisation esquissées

Armes dont dispose le gouvernement pour imposer les mesures de réorganisation préconisées : le veto d'émission ; création d'organismes spéciaux destinés à fournir au commerce et à l'industrie les moyens d'action que leur refusent les grandes banques ; concession à ces organismes d'avantages légaux, analogues à ceux accordés au Crédit Foncier de France, lors de la réorganisation du crédit hypothécaire. — Les grandes Sociétés financières subissent une crise, du fait de la désaffection de leur clientèle ; cette crise peut s'accentuer encore en raison d'une évolution déjà sensible des tendances de la masse capitaliste : le moment est bien choisi pour les mettre en demeure de remplir leur devoir national. — Le livre de J.-E. Favre contribuera à édifier l'opinion : une documentation abondante, présentée avec chaleur et même un peu de passion légitime ; des aperçus intéressants sur la question juive et sur les naturalisés.

Qu'on ne nous objecte pas l'impossibilité pratique d'imposer à l'oligarchie financière les mesures de réorganisation esquissées ci-dessus. Le gouvernement dispose d'une arme un peu émoussée, mais dont il sera facile d'affûter le tranchant. C'est l'autorisation d'admission à la cote, qui devra être réglementée sous la forme d'un *veto d'émission* absolu, portant tant sur l'admission à la cote du marché officiel ou d'un marché quelconque, que sur le placement lui-même, fût-il clandestin : il suffira de rendre ce *veto* effectif par des dispositions fiscales et juridiques qui rendraient impossible la circulation des titres interdits et frapperaient de nullité toute transaction les concernant, sans préjudice des sanctions pénales.

Il est un autre moyen d'action dont dispose le gouvernement pour exercer sur l'oligarchie financière une pression légitime et contrebalancer sa puissance. Il consiste à favoriser la création avec l'appui des grands groupements industriels et commerciaux, ouvriers ou patronaux, d'organismes bancaires spéciaux destinés précisément à fournir à notre commerce et à notre industrie les éléments de développement et d'expansion qui leur ont toujours fait défaut. Rien ne paraît s'opposer à ce que des organismes de cette nature, limités dans leur action par un statut formel et très précis, reçoivent, en compensation de ces restrictions, des avantages légaux et administratifs, par exemple en ce qui concerne l'autorisation d'émettre des obligations, l'inscription de ces obligations parmi les valeurs sur lesquelles la Banque de France consent des avances ou même certaines facilités pour l'escompte de leur papier commercial par la Banque. N'oublions pas, qu'en somme, c'est l'esprit qui a présidé à la création du *Crédit Foncier de France*, quand on s'est préoccupé d'organiser le crédit hypothécaire : le succès d'une tentative de telle envergure — qui se heurta d'ailleurs, pendant un temps, à l'hostilité de l'oligarchie financière — est plus qu'encourageant.

Au surplus, il paraît douteux que les grandes sociétés financières opposent une résistance sérieuse aux changements qui leur seraient demandés dans leurs méthodes, pour peu que la suggestion s'exerce fermement. La désaffection qui s'est manifestée dans leur clientèle — à la suite des pertes sévères qu'à subies celle-ci, de leur fait — et qui, pour l'un au moins d'entre eux, avait eu, dans les mois qui ont précédé la guerre, de très graves conséquences, les a fait réfléchir et les fait certainement douter de la possibilité de recommencer à exploiter l'épargne rançaise comme on trait une vache à lait.

Il faut aussi tenir compte d'un affaiblissement, déjà sensible, de l'esprit de mediocrité
rentière du capitaliste français. C'est une conséquence de la guerre qui aura donné à tous, com-
battants ou non, *l'habitude du risque*. Cette
évolution ne fera que s'accentuer, à mesure que
les capitalistes sentiront peser plus lourdement
le poids des charges de toute nature qui leur
seront imposées, dans la période de liquidation
du conflit. Le *capital-richesse*, inerte et passif,
va se voir frappé comme il ne l'a jamais été et
se trouvera, par son essence même, incapable
de réparer les brèches que lui feront la fiscalité
et l'élévation concomitante du coût de la vie.
Tel qui était « à l'aise », modeste rentier, et
croyait, son sort étant médiocrement assuré,
pouvoir se désintéresser de tout ce qui fait
l'activité et la grandeur économique d'une
nation, va se trouver gêné. Alors qu'au contraire le *capital-travail*, essentiellement agis-
sant, paraît appelé à profiter largement de
l'énorme effort de reconstitution et d'expansion
qui suivra la crise. On peut donc penser que le
capital-richesse, sinon par goût, au moins par
nécessité, va chercher à se transformer en capital-travail beaucoup plus qu'il ne le faisait,

c'est-à-dire que le capitaliste français, au lieu de se confiner dans des placements étrangers — généralement à revenu fixe et de sécurité trop souvent illusoire d'ailleurs — sera tenté de placer son capital dans des entreprises industrielles nationales et d'en faire ainsi un véritable instrument d'action, dont la productivité n'est plus limitée, mais dépend du talent et de la puissance de travail de ceux auxquels il est confié. Déjà, en pleine guerre, à côté des désastres, l'édification de fortunes nouvelles dans l'ordre industriel et commercial, preuve palpable du succès des initiatives, même dans les circonstances les plus difficiles, n'aura pas été sans émouvoir beaucoup de capitalistes.

A un point de vue général, enfin, la guerre, par la rude épreuve qu'elle aura fait subir aux caractères, aura rendu à bien des égoïstes, à bien des indifférents, le goût des actes nationaux et le sens de l'intérêt général. Tel qui, docile aux injonctions de nos banques internationales, exportait indifféremment son capital ici ou là, se rendra maintenant compte qu'il a plus et mieux à faire dans notre pays aux innombrables et inépuisables ressources. Sans s'exagérer l'importance de ce facteur moral, il est permis d'en tenir compte.

Or, sur quoi reposaient les méthodes de placement de nos grandes sociétés financières ? Précisément sur l'esprit de passivité et de médiocrité timorée qu'elles entretenaient dans leur clientèle. C'est en présentant les valeurs exotiques comme plus sûres que les valeurs françaises et en décourageant continuellement leur clientèle de s'intéresser à celles-ci, qu'elles ont réussi à créer et à alimenter ce formidable courant d'exportation des capitaux (1). Si donc, comme permettent de l'espérer des symptômes divers mais concordants, l'évolution que nous venons d'indiquer dans les tendances générales de la masse capitaliste tend à s'affirmer, les banques vont se trouver complètement déso-

1. Les grandes banques ont toujours, contre toute évidence, prétendu le contraire, notamment par la plume de leur défenseur Testis. Pour se défendre contre les reproches que leur valait leur politique d'exportation des capitaux, elles répondaient : « Oui, nous plaçons des valeurs étrangères, mais c'est le capitaliste français qui ne veut pas autre chose ». Mensonge. Le capitaliste français, moutonnier et passif, prenait ce qu'on lui offrait, et on lui offrait des valeurs exotiques parce que « à grosse commission ». Au surplus, à tenir pour sincère la réponse des banques, elle équivaudrait, par exemple, au raisonnement suivant dans la bouche d'un médecin : « Mon malade avait la migraine. J'aurais voulu lui prescrire de l'antipyrine. Mais il a exigé de la strychnine. Je lui en ai donné. Il en est mort. Est-ce ma faute ? »

rientées et seront amenées, d'elles-mêmes, à envisager l'éventualité d'un changement de méthode.

A tous égards, le moment paraît donc bien choisi pour les mettre en demeure de remplir les devoirs qu'elles ont, jusqu'à présent, sciemment négligés.

*
* *

Les pages d'histoire financière que J.-E. Favre consacre aujourd'hui à la *Banque de Paris et des Pays-Bas* prise comme exemple contribueront, à leur tour, à mettre en évidence les dangers que fait courir au pays la toute-puissance de cette oligarchie financière, qui, nous a privés d'une partie de nos armes, et dont trop de membres ne sont pas Français ou ne pensent ni n'agissent en Français. On y trouvera une abondante moisson de documents probants. Les développements relatifs à la question juive et aux naturalisés sont de tout premier intérêt et jettent un jour particulièrement lumineux sur les causes de l'internationalisme de la finance française, envahie par les juifs et les métèques. Il faut savoir gré à l'auteur de ce livre du courage, avec lequel, rompant avec des préjugés généralement respectés par les écrivains financiers, il s'est résolu à attaquer la critique des personnalités. En matière financière, peut-être plus qu'en tout autre, il est vrai que tant valent les hommes, tant vaut l'affaire. La pudeur ou la crainte qui paralyse à cet égard la presse financière semble inconcevable et cependant il apparaît que ce sentiment est, en général, partagé par les lecteurs de cette presse. On peut dire, sans encourir aucun blâme, de tel peintre qu'il est un barbouilleur, de tel auteur qu'il est un écrivain de dernier ordre, de tel homme d'Etat qu'il est un politicien néfaste, mais il ne semble pas admis d'écrire de tel financier véreux qu'il est un bandit ou de tel directeur de banque, étranger ou métèque, qu'il est, pour le moins, indésirable. Pourquoi les honnêtes gens ont-ils une telle horreur du scandale révélé, comme si l'abomination résidait non dans le scandale étouffé et permanent, mais dans la besogne de nettoiement ?

A vrai dire, cela serait tout à fait inexplicable, si l'on ne savait que le dogme de la liberté limitée a été imposé à la littérature financière ou consenti en son nom par un petit groupe de graves pontifes, se décorant entre eux du titre « d'économistes distingués », et qui sont, en réalité, beaucoup plus préoccupés de publicité fructueuse que de vérité toute pure.

Il convient donc de féliciter l'auteur de ce livre d'avoir mêlé de propos délibéré à l'exposé des faits, un peu de chaleur et de passion, et d'avoir ainsi contribué à libérer les études financières d'un cadre qui leur fut imposé artificiellement, dans l'intérêt même des grandes puissances d'argent.

ÉTIENNE-BERNARD

NOTE BIBLIOGRAPHIQUE

Lysis. — *Contre l'oligarchie financière en France*. Paris. Albin Michel.

— *Les Capitalistes français contre la France.* Paris. Albin Michel.

Eugen Kauffmann (Dr). — *Das französiche Bankwesen* (*La Banque en France*). Traduit et mis à jour par A. S. Sacker, 1914. Paris. Giard et Brière.

Hauser (F.). — *Les Méthodes allemandes d'expansion économique*, 1916. Paris. Armand Colin.

Léon Daudet. — *L'Avant-Guerre*, 1913. Paris. Nouvelle Librairie Nationale.

— *Hors du joug allemand*, 1915. Paris. Nouvelle Librairie Nationale.

— Ses Articles de *l'Action Française* quotidienne (1914-1916) et notamment ceux concernant les financiers : Emil Ullmann, Ernst Thurnauer, Arthur Spitzer, O.-A Rosenberg, Lucien Baumann, etc ; la *Maggi-Kub*, le *Schweizerische Kreditanstalt*, etc. — *L'Action Française*. Paris, 17, rue Caumartin.

Paul Déroulède. — *Feuilles de Route*. Paris.

Lucien Bruneau. — *L'Allemagne en France*, 1914. Paris. Plon-Nourrit et Cie.

André Chéradame. — *Le Chemin de fer de Badgad*, 1903. Paris. Plon-Nourrit et Cie.

Etienne-Bernard. — Ses articles dans *Paris-Bruxelles Financier* et *La Journée financière*, sur la pénétration germanique en Belgique et l'investissement de notre organisme économique et financier (1912-1915). *La Journée financière*, 53, rue Vivienne, Paris.

Lémonon. — L'Emprise financière allemande en Italie. *Le Correspondant* du 25 novembre 1915.

Maurice Vallet. — *Répertoire de l'Avant-Guerre*. Introduction du marquis de Roux, avocat : *Les séquestres et la colonisation allemande*. 1916. Paris. Nouvelle Librairie Nationale.

Urbain-Gohier. — *La Terreur Juive*, 3e édit. Paris, 1907. Chez l'auteur.

Georges Deherme. — *Aux civils : le Devoir de servir et de militer*, brochure. Paris, 1916. Chez l'auteur, 6, boulevard de la Madeleine, Paris.

Périodiques :

Le Bon Sens Financier (J.-E. Favre, directeur), 1901-1916. Passim. N'a cessé de lutter contre la dénationalisation de nos banques. 24, rue Feydeau, Paris.

Le Monde Économique (Paul Beauregard, député, directeur), janvier, février et mars 1908 : articles de E. de Malte sur le concours financier prêté par nos banques à l'Allemagne.

La Revue de la Bourse et de la Banque (J. Vidard, directeur), 1914-1916. Passim, 37, Chaussée d'Antin, Paris.

Le Ruy-Blas (A. Oulman, directeur), 1912-1916. Passim, 18, rue Grange-Batelière. Paris.

Bulletin du Comité de l'Asie Française, 1er avril 1901. Article sur le *Chemin de fer de Bagdad*, par M. de Peyerimhoff.

L'Œuvre hebdomadaire (directeur Gustave Téry), 1911-1914. Les Allemands chez nous. Comment ils vident nos poches : à la Banque de Paris et des Pays-Bas, etc.

L'Humanité (directeur Jean Jaurès), Passim, 1908-1912. Articles de Lysis et divers.

Bulletin de la Ligue anti-austro-allemande. Hôtel des chambres syndicales, 10, rue de Lancry, Paris.

Bulletin de la Ligue anti-allemande, 9, place la Bourse, Paris.

Annuaires des Banques et Banquiers de France et de l'Étranger, édit., 1914, 24, rue Feydeau, Paris.

LE CAPITAL FRANÇAIS AU SERVICE DE L'ÉTRANGER

La Banque de Paris et des Pays-Bas

Son œuvre anti-nationale

Ses alliances avec les financiers d'outre-Rhin. — Ses participations dans les affaires allemandes et pro-boches. — Les milliards qu'elle a exportés au détriment de la France. — Le désastre de la *Foncière du Mexique.* — L'effondrement du *Chemin de fer de Rosario-Puerto-Belgrano.* — Les malheurs de la *Brazil Railway.* — Le scandale des *Bons du Trésor Mexicain 6 0/0 or 1913.* — Les coups de Bourse retentissants sur la *Rente 3 0/0,* la *Norvégienne de l'Azote,* les *Pétroles Colombia,* etc. — Le délit d'accaparement et l'*Emprunt Marocain 5 0/0 1910.* — Des documents, des faits, des dates, des chiffres probants, authentiques, officiels, irréfutables.

CHAPITRE PREMIER

Une question de M. Fernand David, ancien ministre du Commerce. — Les origines de la Banque
de Paris et des Pays-Bas. — Du juif allemand
Bamberger au juif autrichien Finaly. — Fondée,
dirigée ou inspirée par des métèques ou des
étrangers, la Banque de Paris ne fut toujours
qu'un syndicat d'exportation de capitaux français. — Une appréciation de M. Gustave Téry. —
Un souvenir de Déroulède. — L'avis de l'écrivain
teuton Eugen Kauffmann dans son ouvrage
" Das französische Bankwesen ". — Le cri
d'alarme de M. Georges Prade.

« Pourquoi les Français n'emploient-ils pas chez
eux leur propre argent au lieu de s'en servir pour
commanditer au dehors des concurrents qu'ils s'éton-
nent ensuite de rencontrer sur leur route ? »

Cette question était posée, il y a quelques années,
par un de nos anciens ministres du Commerce,
M. Fernand David, au temps où sévissaient les discours et les banquets officiels.

De la part d'un ministre, tenu de savoir, la question ne manquait ni de piquant ni d'intérêt. Pour cette double raison, elle est restée sans réponse.

La réponse, pourtant, eût été facile : c'est parce qu'il existe des organismes, comme la *Banque de Paris et des Pays-Bas*, qui s'emploient, avec toute l'autorité que leur donne une façade trompeuse, à détourner les capitaux français des entreprises nationales pour les diriger vers des entreprises étrangères et notamment vers des entreprises allemandes ou soumises à l'influence allemande.

Dans cet ouvrage, nous nous proposons de donner à la question tous les développements qu'elle comporte. Nous le ferons sans parti pris, avec modération. Nous prendrons le plus grand soin à ne pas nous laisser entraîner au delà de notre pensée. Lorsque des mots vengeurs se présenteront sous notre plume, nous ne les en laisserons pas échapper.

Nous confions au lecteur le soin de les traduire lui-même, avec toute l'énergie qu'il convient.

Ce n'est pas une œuvre d'imagination, c'est encore moins un récit littéraire que nous entreprenons. C'est un assemblage de précisions concrètes.

Les matériaux de notre modeste édifice sont puisés aux sources les plus indiscutables.

A dessein, nous y accumulons des noms, des dates, des faits, des écrits, des documents, des statistiques dont l'aridité même ajoutera à la solidité de notre démonstration.

Nous ne nous érigeons pas en justicier. Nous ne condamnons pas des hommes en bloc. Nous réunissons les éléments du procès, nous fournissons la thèse du réquisitoire. C'est à la vindicte publique, qu'il appartient de prononcer la sentence, sur pièces à conviction.

* * *

Le drame affreux qui ensanglante l'Europe depuis le mois d'août 1914, a créé, à chaque Français, en particulier, l'impérieux devoir de servir et de militer par les armes, par le travail, par la pensée, chacun à proportion de ses moyens. C'est servir utilement la France, atteinte dans ses forces vives, que de lui dénoncer un péril d'autant plus menaçant qu'il est à peine soupçonné.

Si l'établissement financier dont nous nous occupons est fort connu dans le monde international des affaires, il est à peu près totalement ignoré du grand public français. A plus forte raison, son œuvre antinationale a-t-elle pu passer inaperçue aux yeux de la masse, comme les mauvais coups accomplis dans l'ombre. Nous gageons même que des personnages de second plan, mis en scène dans ces pages, ne seront pas moins surpris d'apprendre qu'ils ont collaboré à une œuvre antifrançaise, que ne fut étonné le personnage de Molière d'apprendre qu'il faisait de la prose en parlant.

Jusqu'au 2 août 1914, peu de personnes voulaient admettre l'hypothèse d'une guerre franco-allemande.

Il était de bon ton de couvrir de sarcasmes outrageants les angoisses patriotiques de quelques esprits prévoyants ou avertis. Le péril bancaire, installé au cœur de la France, était nié avec non moins de force et avec une mauvaise foi non moins évidente. A jouer les Cassandre sur l'un ou l'autre terrain, les moindres aménités qu'on pût recueillir, était de s'entendre qualifier de patriotard imbécile ou de se voir infliger un poste humiliant dans la phalange musicale de Nuremberg. Les divagations de l'esprit avaient pour écho les aberrations du cœur. La France était intoxiquée par cette déliquescence mentale. Elle a failli en périr. Elle en subit encore les conséquences douloureuses au milieu des larmes et des deuils.

Ayons le courage de l'avouer. Depuis longtemps, la France n'avait plus de politique financière extérieure. Dans son livre, *Kiel et Tanger*, M. Charles Maurras, écrivain d'esprit élevé et de jugement sain, a prouvé que pendant longtemps nous n'avons pas eu de politique extérieure tout court. Notre diplomatie a trop souvent méconnu cette partie essentielle de sa mission : discipliner la puissance financière de la France, pour la faire contribuer au développement de notre influence politique.

Il importe que désormais la France ne soit non plus seulement le « banquier du monde », mais surtout un grand banquier d'affaires nationales. C'est grâce à cet imprudent abandon des principes d'économie politique les plus élémentaires qu'a pu se développer et prospérer chez nous l'industrie malsaine d'une Banque de Paris et des Pays-Bas.

* * *

La *Banque de Paris et des Pays-Bas*, dont le siège social est à Paris, 3, rue d'Antin, avec succur sales à Genève, Amsterdam et Bruxelles, et dont le capital est de 100 millions de francs, est une des puissances occultes de la finance cosmopolite qui a été le plus néfaste à la France. En lisant les chapitres qui vont suivre, on comprendra toutes les raisons apparemment innocentes, pour lesquelles on a eu soin de n'établir hypocritement de succursales qu'en pays neutres ou supposés amis. Les bases de cette institution de crédit furent jetées, avant 1870, par des juifs d'outre-Rhin.

« Ceux-ci ont eut l'impudence de revenir après la guerre pour l'administrer et la développer. Elle s'est enrichie de nos dépouilles ». Elle a commencé par faire l'insolente fortune du juif allemand Bamberger, son fondateur .

Ce fils de la Germanie, nourri au sein de Teutonia, importa chez nous toutes les méthodes de travail et tous les principes de moralité qui font la force des hommes d'affaires judéo-boches. Force, hâtons-nous de le dire, faite surtout de notre faiblesse et de notre proverbiale candeur.

Ne s'embarrassant d'aucun préjugé de notre vieille race latine, ce Bamberger ne connut jamais que le morne assouvissement des appétits. Intrigant, insolent, arrogant, tenace, il avait toutes les « qualités » nécessaires pour édifier une fortune considérable. Il s'était fait construire un hôtel, 14, Rond-Point des Champs-Élysées. L'emplacement était merveilleusement choisi pour assister à l'éventuel défilé des troupes du Kaiser dans la plus belle avenue du monde. La Marne ne l'eut pas permis, même si l'ancien président de la Banque de Paris, eut consenti à vivre jusqu'à nos jours. Mais le destin en avait décidé autrement. Les échos mondains de l'époque, à tant la ligne, nous apprennent que ses obsèques eurent lieu le 24 novembre 1908, à l'hôtel mortuaire, Rond-Point des Champs-Élysées, « tout tendu de draperies funèbres »; le service était présidé par M. Alfred Lévy, grand rabbin et M. Raphaël Lévy, sous-rabbin. Le deuil était conduit par MM. Hirsch, Géreuth, Lévy, May, Mayer, Thomson, Bemberg, tous noms bien français. M. de Germiny et M. Siegfreund prononcèrent des discours.

A défaut d'avoir eu la joie d'applaudir les hordes de von Kluck en 1914, herr Bamberger s'était offert un petit acompte en 1870. Le témoignage nous en est fourni par Déroulède, qui fut aussi grand patriote qu'honnête homme. L'auteur du *Clairon* rapporte qu'officier français prisonnier, il défila devant les membres de l'état-major allemand parmi lesquels figurait, en costume civil, à cheval sur une splendide jument poméranienne, le financier juif cosmopolite Bamberger.

Dans *l'Œuvre* hebdomadaire du 22 janvier 1914,
M. Gustave Téry a relaté le fait en l'accompagnant
de commentaires personnels dont on appréciera la
saveur amère :

« ... Mais recueillons cet autre témoignage, qui
n'a pas été sollicité pour les besoins de la cause. Il
est de ce pauvre grand Déroulède, qui, comme s'il
voulait animer de ses derniers souffles son héroïque
devise : « Quand même ! » vient de faire, à Cham-
pigny et à Notre-Dame, deux gestes si pathétiques.

« C'est une page du volume où il a noté ses souvenirs de l'année terrible, c'est une de ses *Feuilles
de route* que je vous invite à relire :

*— Le matin du 5 septembre, je me rendais comme
de coutume à ma corvée. Il avait plu toute la nuit
et je marchais tête baissée, glissant à chaque pas,
les deux jambes emprisonnées dans le classique
cercle de tonneau, si cher jadis aux Auvergnats.
Comme j'arrivais auprès de la fontaine, une voix
peu connue, mais non inconnue, retentit à mon
oreille : « Ce n'est pas possible ! Ce n'est pas lui !
Ce n'est pas vous, monsieur Déroulède ?*

*— Mais pardonnez-moi, monsieur Bamberger,
c'est parfaitement moi.*

*— J'avais déjeuné chez mon oncle Émile Augier,
il y avait à peine un mois, avec ledit Louis Bamberger, directeur de la Banque de Paris et des
Pays-Bas.*

— Comment ? poursuivit-il en me prenant par

les épaules — mes deux mains tenant toujours mes deux seaux — comment, vous ici? Sous ce costume? Vous étiez donc soldat?

— Je ne l'étais pas, mais je le suis devenu, comme vous voyez.

Mon étonnement à moi, n'était guère moins grand que le sien et, si je n'avais eu une toute autre idée en tête, j'aurais pu, moi aussi, m'écrier : « Comment, vous ici? Vous, parcourant ce champ de bataille, entouré d'officiers d'état-major prussiens? Vous revoilà donc l'ami des Allemands? Ce à quoi il eût pu me répondre comme je venais de le faire: « Je ne l'étais plus, mais je le suis redevenu, comme vous voyez. »

« Français ingénus et frivoles! On vous a donné, il y a quarante-trois ans, cette épouvantable leçon qui vous a coûté cinq milliards et deux provinces, et la leçon a été perdue! Vous êtes prêts à recommencer : demain, c'est un Ullmann, c'est un Spitzer que vous rencontrerez sur le même champ de bataille; comme le Bamberger de Déroulède, ils seront « redevenus » Prussiens. Ah! comme ils riront de nous, et qu'elle est comique, en effet, notre candeur !

« Mais est-ce bien candeur qu'il faut dire, ou lâcheté ? Car la situation est la même qu'avant 1870, ou plutôt elle est cent fois pire, et nous le savons, et nous nous taisons.

« Cette *Banque de Paris et des Pays-Bas* n'était pas sous l'Empire ce qu'elle est présentement. Les

Juifs d'outre-Rhin, qui étaient venus la fonder avant la guerre, ont eu l'impudence de revenir après pour l'administrer et la développer ; elle s'est si bien enrichie de nos dépouilles qu'elle est actuellement chez nous le centre et l'âme de la Haute Banque. C'est elle qui négocie les emprunts et règle les émissions : tous nos grands établissements de crédit sont sous sa coupe. Et qui est-ce qui dirige aujourd'hui la banque présidée jadis par le Juif allemand Bamberger ? C'est le Juif autrichien Finaly !

« Quand on sait que toute notre puissance financière est dans les mains de tels maîtres, comment s'étonnerait-on des entreprises qu'ils mènent à cette heure contre le crédit de la France ? Comment trouverait-on extraordinaire cette « attaque brusquée » à la Bourse de Paris, que nous contait hier *l'Action française ?* Comment serions-nous surpris de voir ces mêmes hommes déguisés en « jeunes Français » préparer froidement un emprunt austro-hongrois, c'est-à-dire, pour appeler les choses par leur nom, porter l'or français à la Triplice, l'or nécessaire à l'achat des canons qui mitrailleront nos soldats ?

« Si cela vous étonne, bons Français, il n'y a rien là qui puisse étonner les Ullmann, les Spitzer ou les Finaly, bons Teutons. Une opération de ce genre leur semble toute naturelle et parfaitement légitime. Ils y réalisent des bénéfices fort honnêtes ; par surcroît, c'est pour leur pays qu'ils travaillent, si ces Juifs ont un pays.

« Ai-je tort de dire que les imaginations de nos

dramaturges sont faibles et pâles auprès de cette effrayante réalité ? »

* * *

En 1916, pendant que les Allemands sont encore à Noyon et que des centaines de Français tombent chaque jour sous les balles prussiennes, la situation est celle-ci : la *Banque de Paris* est dirigée ou administrée par le Suisse-Allemand Turrettini, le Hollandais Thors, ancien secrétaire du Juif boche Bamberger, le Hambourgeois Rheiner, l'Autrichien Finaly, le Levantin Nœtzlin, le Turc Sabbag-Bey, secrétaire de Turrettini et d'autres indésirables, tous aubains ou métèques, qui occupent des places dues légitimement à des Français. Nous reviendrons sur ces personnages et parachèverons le croquis du chef suprême Bamberger, dans un chapitre que nous consacrons plus loin à la question juive et à celle des aubains et naturalisés installés sur notre territoire.

Il est de règle pour tout étranger, et surtout quand cet étranger est un Allemand, d'abuser des qualificatifs de *française, parisienne, nationale* pour affubler une entreprise pseudo-française créée chez nous. Ne pouvant prendre le titre de Banque de France, Napoléon Bonaparte, premier Consul, l'ayant monopolisé dès 1800, Bamberger ne pouvait moins faire que d'appeler son entreprise *Banque de Paris*, pour faire illusion, en y adjoignant : *et des*

Pays-Bas, pour détourner tout soupçon. On compose de la sorte une innocente raison sociale, derrière laquelle on opérera avec une tranquille et parfaite audace. Sous ce paravent, s'élaboreront les combinaisons les plus diverses dont la France fera les frais et dont ses ennemis recueilleront les plus gros bénéfices directement ou par voie détournée.

Tous les gens initiés vous diront que la Banque de Paris n'a jamais joué d'autre rôle que celui d'un syndicat d'exportation de capitaux français et que la finance austro-allemande a toujours rencontré auprès d'elle les concours les plus efficaces.

En Bochie, on parle d'ailleurs de la Banque de Paris comme d'une firme bien connue et bien sympathique. L'écrivain financier teuton Eugen Kauffmann, dans son volume *Das französische Bankvesen*, glorifie l'œuvre cosmopolite de la banque de la rue d'Antin. Il détaille avec complaisance ses participations exotiques et s'extasie sur la création de la *Société Norvégienne de l'Azote* par les soins de la Banque de Paris en communauté d'intérêt avec les groupes allemands *Badische Anilin und Sodafabrik, Elberferder Fabenfabrik, A.G. für Anilin fabrikation*. Cet Eugen Kauffmann, — cité notamment par M. Henri Hauser dans son ouvrage *Les Méthodes allemandes d'expansion économique*, page 92 — se désole, le bon apôtre, que les banques allemandes n'aient pas réussi à établir des succursales proprement dites en France, mais il note avec orgueil que toutes les grandes banques des Barbares avaient des représentants à Paris. Il nomme complaisamment la *Dresdner Bank* possédant la majorité des actions de la *Banque Allard*, la *Deutsche Bank*, commanditaire du banquier « boche-parisien » *Alfred Gans*, la *National Bank für Deutschland*, gros actionnaire du *Crédit Mobilier Français*, etc., etc. Les précisions documentaires, tout à fait édifiantes, que résume notre ouvrage, sont en parfaite concordance avec les dires du publiciste allemand, dont le témoignage est précieux à recueillir.

Dans les opérations d'emprunts ou de participations dont la Banque de Paris s'est fait la spécialité, l'intérêt des gouvernements ou d'une diplomatie louche, joue un plus grand rôle que celui des peuples. Les centaines de millions drainés ont fréquemment servi à fomenter les intrigues internationales d'où sont sorties les conflits les plus sanglants ; exemple : les troubles mexicains.

C'est ici l'occasion de rappeler qu'à la veille de la mobilisation de 1914, la Banque de Paris versa *90 millions d'or français à la Bulgarie*, à titre d'acompte sur un important emprunt dont elle négociait les conditions et modalités depuis quelque temps ; en juin 1913, elle plaçait en France l'emprunt illégal connu sous le nom de *Bons du Trésor mexicain or 6 o/o 1913* (Se reporter plus loin au chapitre IX).

La Banque de Paris et celles qui peuvent se trouver dans son cas se défendent très vivement d'avoir des rapports avec la finance allemande ou prétendent n'avoir d'autres relations avec elle que des rapports d'affaires normaux.

Et tout d'abord, il n'y a pas de « rapports normaux » avec les ennemis héréditaires de la France, avec les Barbares qui ont coupé les mains de nos petits enfants, qui ont arraché les seins de nos fillettes, qui ont crucifié des femmes, fusillé nos vieillards, martyrisé nos paysans, achevé nos blessés, déporté nos compatriotes, affamé nos prisonniers, bombardé nos villes ouvertes.

Puis, opposons à ces dénégations, ou à ces plaidoyers *pro domo*, ces extraits d'un vigoureux article paru sous la signature de M. Georges Prade, dans *le Journal* du 12 février 1916, avec titre et soustitres : *les Tranchées de l'intérieur, les Boches de Paris, un Espionnage protégé par les lois.*

« ... Mais il y eut dans la préparation allemande de la guerre, des entreprises d'une tout autre allure, autrement dangereuses, formes autrement élevées du grand espionnage économique, industriel et commercial. Nous allons les étudier tour à tour, en expliquant d'abord ce qui les a rendues possibles : l'organisation des banques commerciales allemandes, avec leurs filiales établies en France, qui protègent les intérêts, et l'organisation des ambassades qui protègent les individus. Double tutelle économique et légale, pourvue de doubles conseillers, les uns en fuite comme Wieland et Schauer, conseillers commerciaux de l'ambassade d'Allemagne à Paris (dont le second est aujourd'hui secrétaire de von Bissing à Bruxelles), les autres paisiblement à Paris, comme Horn, Autrichien naturalisé, avocat à la Cour d'appel, aujourd'hui radié par le conseil de l'Ordre, et qui fut, en 1913, alors qu'il était encore avocat français, le conseiller de l'Allemagne contre la France, dans la pénible affaire des troubles de Nancy.

« ... Un cartel de banques, soutenant cette mainmise par l'industrie allemande sur nos usines de guerre, désorganisées par avance, concurrencées et affaiblies par l'industrie allemande, dont les sacrifices sont rendus possibles par l'argent de ces banques; des banquiers allemands intervenant dans la discussion de nos lois et crédits militaires, orientant notre politique bancaire vers des placements à l'étranger inutiles à l'influence française, ou dont quelques-uns même, l'emprunt turc, par exemple, substitué à l'emprunt roumain à la veille de la guerre, s'éclairent aujourd'hui de singulières lueurs ; un journaliste allemand dirigeant la politique étrangère dans un grand journal français. Voilà le véritable et grand espionnage, le plus dangereux, parce que, couvert et protégé par nos lois, voilà ce qu'ont fait avant la guerre *les Boches de Paris.* »

CHAPITRE II

—

Les alliances de la Banque de Paris avec les financiers allemands. — La Société anonyme d'Exploration. — Un document officiel où ses administrateurs voisinent avec Beer et Sondheimer de Francfort et la Dresdner Bank. — Le cas de la Banque Commerciale Italienne où MM. Turettini, Thors et Noetzlin, de la Banque de Paris, font cortège aux boches Kaempf, Wenterfeld, Arnstaedt, Schwabach, de Berlin. — Les visées allemandes contre le Maroc. — Les intrigues des frères Mannesmann. — Les participations de la Banque de Paris, avec les Allemands, dans les affaires marocaines et nord-africaines.

L'alliance de la Banque de Paris, conclue au mépris des intérêts français, avec les banques allemandes, est cimentée par les contrats et les documents officiels les plus probants.

Commençons par cette démonstration qui date du 1ᵉʳ janvier 1905. Il s'agit de la *Société anonyme d'Exploration* dont le siège est dans les bureaux mêmes de la Banque de Paris ; le capital est de 1 million divisé en mille actions de 1.000 francs. L'objet social est de faire en tous pays tous travaux de recherches de carrières, mines et de toutes matières extraites du sol. L'acte constitutif a été reçu le 16 mai 1905.

Les statuts règlent ainsi la répartition des bénéfices : 5 o/o à la réserve légale, 5 o/o au Conseil et le solde aux actions. Quand on connaît la composition du conseil d'administration et la qualité des souscripteurs, on comprend que les choses aient été réglées au mieux des intérêts des administrateurs et des actionnaires.

En effet, les administrateurs sont : *E. Dupasseur*, *L. Fontaine*, *Hans Schuster*, directeur de la Dresdner Bank et *Albert Sondheimer*, négociant en métaux à Francfort. Commissaire des comptes : M. *G. Delamotte.*

Quant aux actionnaires, souscripteurs d'origine, en voici la liste, telle qu'on peut la consulter au greffe du Tribunal de commerce de la Seine :

BANQUE DE PARIS ET DES PAYS-BAS....	245.000 fr.
Eugène GOUIN, 33, rue de Lisbonne......	18.000 fr.
Administrateur de : Banque de Paris et des Pays-Bas, Banque de l'Indo-Chine, Chemins de fer économiques, etc.	
Léopold RENOUARD, 48, avenue Bugeaud.	18.000 fr.
Administrateur de : chemins de fer de Paris à Orléans, Crédit Foncier de France, Banque de Paris, Banque espagnole de	

crédit, Banque Hypothécaire d'Espagne,
etc., etc.

DEMACHY et SEILLIÈRE. banquiers.......   18.000 fr.
STERN et Cⁱᵉ, banquiers...............   18.000 fr.
H. BAMBERGER.......................   18.000 fr.
   Administrateur de la Banque de Paris.
Le Chevalier R. DE BAUER, à Bruxelles..   18.000 fr.
   Administrateur de : Banque de Paris,
Banque des Pays autrichiens, etc.
André BÉNAC, 14, rue de Clichy.........   18.000 fr.
   Administrateur de : Chemins de fer de
Paris à Orléans, Banque de Paris, For-
ges et Aciéries du Nord et de l'Est, etc.
J. DE CAMONDO et Cⁱ⁺, banquiers........   18.000 fr.
Le comte FOY, faubourg Saint Honoré,
85... ....   10.000 fr.
   Administrateur de : Chemins de fer de
l'Est, Chemins de fer du Nord de l'Espa-
gne, Banque de Paris, Ateliers et Chan-
tiers de la Loire, Compagnie générale
des Eaux, etc.
Le comte Adrien DE GERMINY..........   18.000 fr.
   Administrateur de : Chemins de fer du
Nord, Chemins de fer hongrois, Banque
de Paris, Banque ottomane, Crédit foncier
d'Autriche, la Nationale, assurances,
etc., etc.
Ed. NOETZLIN, 43, avenue d'Iéna........   18.000 fr.
   Administrateur de : Banque commer-
ciale italienne, Banque de Paris, Banque
espagnole de Crédit, Banque du Mexique,
Banque russo-chinoise, Société franco-
suisse pour l'industrie électrique, etc.

Choppin DE JANVRY....................	5.000 fr.
Administrateur de la Banque de Paris.	
J.-H. THORS............................	14.000 fr.
Directeur Général de la Banque de Paris.	
Ed. CHEVRAND	10.000 fr.
Directeur à la Banque de Paris.	
Ed. DUPASSEUR..	10.000 fr.
Directeur à la Banque de Paris.	
Eug..ROQUERBE.......................	5.000 fr.
Sous-directeur à la Banque de Paris.	
Em. THENON..........................	3.000 fr.
Sous-directeur à la Banque de Paris.	
J. JACQUES..	10.000 fr.
LE CRÉDIT FONCIER ET AGRICOLE D'ALGÉRIE.	45.000 fr.
L.-A. FONTAINE.......................	5.000 fr.
La DRESDNER BANK....................	295.000 fr.
Hans SCHUSTER.......................	5.000 fr.
Directeur de la Dresdner Bank.	
BEER, SONDHEIMER et Cie, à Francfort...	5.000 fr.
Albert SONDHEIMER....................	5.000 fr.
Total.................	1.000.000 fr.

Tout commentaire affaiblirait la triste éloquence de ce document, auquel les circonstances ont donné la valeur d'un sanglant pilori. On voudrait espérer que les Français qui voisinent si fraternellement avec les Boches, éprouvent aujourd'hui quelque honte d'une telle promiscuité. Les hommes d'argent sont difficilement accessibles à des sentiments élevés et de simple pudeur, les sujets de dégoût ne leur manquent pas cependant. Voici le cas de la *Banca Commerciale Italiana* dont les actions furent introduites sur le marché de Paris avec les procédés habituels de truquage et de majoration qui ont fait la fortune des dirigeants de la Banque de Paris et des financiers cosmopolites leurs amis.

« En Italie, un institut bancaire, le plus important du royaume, est arrivé à exercer *un véritable contrôle sur un grand nombre d'industries essentielles à la vie nationale de l'Italie* ; il a même exercé, à certains moments, *une influence considérable sur la vie politique et sur la vie administrative du pays.*

« Cette Société a été le grand instrument de pénétration économique de l'Allemagne en Italie, de cette pénétration qui conduisait l'Italie, on s'en aperçoit aujourd'hui, très rapidement *vers un véritable asservissement économique à l'Allemagne.* C'est en grande partie par son action qu'il faut expliquer *le développement prodigieux qu'avaient pris les importations allemandes* en Italie.

« Dans cette banque, les capitaux appartenaient en très grande majorité aux Italiens ; *les Français y avaient une participation financière assez importante*; les actions appartenant aux Allemands étaient en très petit nombre. Le Conseil d'administration comprenait des Italiens, des Suisses, des Français, des Allemands ; mais *les hommes qui dirigeaient véritablement l'entreprise étaient des Allemands.* »

(Discours de M. Landry, député. Séance de la Chambre du 14 janvier 1916).

L'établissement auquel faisait allusion M. Landry est la *Banca Commerciale Italiana*, au capital de 130 millions de lires. Faut-il dire que les financiers français qui ont apporté le concours de nos capitaux à cet instrument d'action germanique sont les dirigeants de cette *Banque de Paris et des Pays-Bas*, qui refuse tout concours aux entreprises nationales ?

M. Albert Turettini (citoyen suisse), directeur général, M. H. Finaly (juif d'origine autrichienne), directeur, M. Thors et M. Edg. Stern, administrateurs de la *Banque de Paris et des Pays-Bas*, siègent au Conseil d'administration de la *Banca Commerciale Italiana*, à côté des personnalités suivantes, dont la liste dispense de longs commentaires :

Sir Julius BLUM, vice-président de la *Société I. R. P. Autrichienne de crédit pour le Commerce et l'Industrie*, à Vienne.

MM. Jules FREY. Président du *Schweizerische Kreditanstalt*, à Zurich (Banque entièrement germanisée).

Johann KAEMPF, Président de la *Banque für Handel und Industrie*, à Berlin.

Adolf KLEIN, Conseiller général de la *Banque Anglo-Autrichienne*, à Vienne.

Hugo MARCUS, Directeur du *Wiener Bankverein*, à Vienne.

Hans SCHUSTER, Administrateur de la *Dresdner Bank*, à Berlin.

D' P. von SCHWABACH, Consul général, de la *Maison S. Bleichrœder*, à Berlin.

Franz URBIG. Gérant de la *Diskonto Gesellschaft*, à Berlin.

Hermann WALLICH, Administrateur de la *Deutsche Bank*, à Berlin.

Max WINTERFELDT, Conseiller intime de justice, administrateur de la *Berliner Handelsgesellschaft*, à Berlin.

F. ZAHN-GEIGY, Suisse Allemand, Président du *Bankverein Suisse*, à Bâle.

En outre, les fonctions d'administrateurs-délégués sont remplies par deux Allemands naturalisés — on sait ce que vaut cette formalité au regard de la loi Delbrück : — MM. Otto Joël et Friedrich Weil. Entre les mains de ces deux financiers teutons se trouve en fait concentrée la direction effective de la Société.

Et c'est avec cette *Banca Commerciale Italiana*, c'est-à-dire, en réalité, avec ce syndicat de banques allemandes, italiennes et suisses, que la *Banque de Paris* a constitué, en 1911, la *Société Générale de l'Afrique du Nord*, au capital de 5 millions de francs. Quelle raison valable peut invoquer cet établissement pour expliquer une collaboration qui permettait à la finance allemande de s'installer en Tunisie, en Algérie et au Maroc sous un masque français ?

*
* *

Hélas! on ne connaît que trop les visées allemandes sur notre Maroc, les menées des Prussiens Mannesmann, les intrigues boches dans le protectorat, la propagande de rébellion auprès des indigènes.

Le véritable enjeu de l'agression de 1914 contre la France fut le Maroc, la question serbe ne fut que le prétexte.

On sait que les ambitions avouées de l'Allemagne ne se limitent pas au dépeçage de l'Europe. A Johannisburg, les Anglais ont saisi des cartes imprimées à Leipzig, où les couleurs allemandes s'étendent sur toute l'Afrique australe, jusqu'à l'Équateur et même au delà, avec les possessions portugaises et les deux Congos, le français et le belge.

Nous savons, d'autre part, d'après des documents précis, que ces Beni-Bouffe-tout avaient préparé l'occupation de Madagascar, et qu'ils revendiquent expressément la Tunisie, l'Algérie et le Maroc tout entier, y compris Tanger, le Riff et même Melilla — sauf à offrir Gibraltar ou le Portugal aux Espagnols en manière de compensation. Autant dire — la Tripolitaine et l'Égypte devant être restituées aux Turcs — que les sept huitièmes du continent africain y passeraient. Et l'on voit que le Maroc figure toujours au premier plan des gloutonneries teutonnes.

Le Journal officiel du 13 août 1915 enregistre la mise sous séquestre des sociétés allemandes suivantes établies au Maroc : *Mannesmannrohren-Werke ; Marokko Minensyndicat ; Marrakech Bergwerkegesellschaft ; Casablanca Landgesellschaft ; Marrakech Landgesellschaft ; Mannesmann Sud-Landgesellschaft ; Marokko Manesmann.*

Le *Comptoir Métallurgique Industriel,* 21, rue

Le Peletier, et 88, rue Taitbout, à Paris, masquant en réalité les Mannesmann trop fameux (ordonnance du Tribunal de la Seine, en date du 10 avril 1915, administrateur-séquestre M. Raynaud, liquidateur judiciaire).

L'*Union Marocaine des Mines*, 55, rue de Châteaudun, Paris, Société anonyme française (ordonnance de mise sous séquestre rendue par le Tribunal de la Seine, le 31 mars 1915 (M. Raynaud, administrateur-séquestre).

Signalons en outre la mise sous séquestre des intérêts boches dans la *Société Internationale de Régie co intéressée des Tabacs au Maroc*, à laquelle la *Banque de Paris* n'a pas manqué d'apporter en France un concours absolu.

Sans doute, la Régie des Tabacs au Maroc étant internationale de par sa création même, découlant des accords internationaux, il n'est pas surprenant d'y voir des Boches. Mais remarquons-le ; c'est dans les locaux de la Banque de Paris que se fixe le siège social de l'entreprise. Les internationaux se flairent, se sentent et se retrouvent toujours... rue d'Antin.

Bien placé pour juger l'action des Boches et admirablement documenté sur leurs infamies, M. Ernest Mallebay, le vaillant journaliste algérien, écrivait dans son journal *Les Annales Africaines* en décembre 1914 :

« On savait le rôle que les Allemands avaient joué durant l'occupation française au Maroc, mais, protégés par les capitulations, on ne pouvait sévir contre eux. Leur haine de la France qu'ils rêvaient d'anéantir s'exerçait de toutes manières. Combien des nôtres, officiers et soldats, étaient tombés sous les balles qu'ils avaient données ou vendues aux Marocains ? Le procès de quelques-uns d'entre eux et qui, jusqu'à présent a abouti à cinq condamnations à mort a mis à nu les procédés dont ils usaient. Leurs correspondances lues à l'audience révélèrent le but qu'ils poursuivaient avec acharnement : faire soulever les Marocains et nous jeter à la mer. Certes, les Allemands, depuis, sont venus au Maroc, non en vainqueurs, mais comme prisonniers. On les voit sur les routes, armés de pelles et de pioches, préparant aux Français qui se battent à la frontière, des voies de pénétration.

« Karl Ficke qui, dans quelques jours, sera fusillé, disait insolemment : « Les Français sont des gens admirables, ils préparent pour nous, au Maroc, les routes et les chemins de fer ». La justice de Dieu, que Gambetta appelait la justice immanente, ne l'a pas voulu.

« Ce n'est donc pas seulement en Europe que l'Allemagne a persécuté la France. C'est aussi, c'est surtout en Afrique qu'elle a été fourbe, hargneuse, agaçante, acharnée.

« Elle a donné mille preuves de sa volonté de nous en chasser, comme d'en expulser plus tard les Belges, les Portugais, les Anglais.

« Tanger, Casablanca, Agadir, les deux insolentes

antennes de l'Oubanghi et du Congo, ont montré clair comme le jour, que les Allemands se croyaient les héritiers naturels de notre Afrique de l'Atlas et qu'ils travaillaient à une Afrique allemande allant de l'Atlantique à l'Océan des Indes. Quels délices de se venger à la fois des Anglais qui osent leur disputer la mer et des Français qui ne leur ont pas cédé le Maroc... Alger, Tunis, Oran, Fez, Marrakech, le Niger, le Congo seraient de superbes *Neu Deutschland*.

« En juillet 1914, ils n'ont point dissimulé ces convoitises désordonnées. Ils promettaient à l'Angleterre de ne pas attenter à l'intégrité de nos quatre-vingt-sept départements, mais ils lui refusaient de respecter celle de nos colonies. Après la convention formelle qui nous assurait enfin le Maroc contre la cession douloureuse d'un grand lambeau de notre Congo, le président de la Ligue pangermaniste n'a pas eu honte de déclarer que, pour lui, la question du Maroc n'était pas résolue. »

* * *

C'est surtout de 1900 à 1914, que la banque cosmopolite, dont le centre d'action est Paris, multiplie ses participations dans les affaires proboches. On semblait vouloir mettre les bouchées doubles, comme si l'on eût pressenti les événements. Les faillites se succèdent en Allemagne et en Autriche. Une force inconnue, une sorte de courant irrésistible, semble pousser au soulagement de l'industrie et du commerce des empires centraux qui croulent sous le trop-plein.. Dans les trois ou quatre chapitres qui viennent immédiatement, se dresse un tableau raccourci de cette activité fébrile et dévorante.

CHAPITRE III

L'invasion économique préface de l'invasion armée. — Les articles prophétiques de M. Étienne Bernard. — La Banque de Paris participe à la création de banques belgo-allemandes à Bruxelles. — La Banque d'Outre-mer. — La Société financière de Valeurs américaines. — La Banque belge de Chemins de fer. — Des banques françaises et des banques belges vassales de la finance allemande.

L'invasion économique fut de tout temps la préface de l'invasion armée ; 1914 fut la suite logique et la répétition méthodique de 1870. Depuis longtemps on l'avait dit : les conflits armés ne seront plus désormais que des phases de la grande lutte économique, parce que la vie commerciale des peuples déborde de plus en plus par delà leurs frontières. L' « enrichissez-vous » de M. Guizot était devenu la devise des nations modernes.

Les financiers allemands l'avaient fort bien compris. Puissamment aidés par leur gouvernement, par leurs diplomates et par tous leurs compatriotes, ils ont poursuivi inlassablement, au moyen de combinaisons adroites et mûrement étudiées, ce but longuement préparé : l'invasion de la Belgique d'abord et de la France ensuite.

Le plus consciencieux et le plus courageux de nos écrivains financiers, M. Étienne Bernard, vaillant par la plume et par l'épée — il fut décoré de la Croix de guerre avec citation pour sa belle conduite devant l'ennemi en septembre 1914 — mena pendant la période d'avant-guerre un brillant apostolat contre la poussée germanique. Ce patriote ardent, ce publiciste clairvoyant, au verbe incisif, aux vues si justes, au jugement si sain, publia dans sa *Journée financière*, en 1913 et 1914 notamment, toute une série d'articles étonnants de clarté et de précisions prophétiques.

Recueillons et méditons ce texte précieux, détaché d'un de ces articles paru le vendredi 16 janvier 1914, six mois avant l'invasion de la Belgique par les barbares :

« État-tampon par définition, puissance neutre au point de vue diplomatique, la Belgique est, en fait, le réel champ de bataille des Germains et des Celto-Latins. Avec leur sens pratique merveilleux, leurs déductions mathématiques et précises, les Allemands ont compris que la meilleure route d'invasion, la meilleure voie de pénétration pour entrer dans cette France honnie, parce que trop riche et trop épargnante, c'est la Belgique. Et s'ils ne veulent pas prendre la responsabilité d'une guerre sanglante, ils ont commencé le combat sur le terrain des intérêts et ils avancent lentement, mais sûrement.

« Ils (les Allemands) vont de l'avant, sapent les vieux errements, entrent dans la place et, sans permission aucune, s'y installent en maîtres.

« Aussi bien savent-ils faire les sacrifices nécessaires, n'hésitent-ils pas à attirer à eux les représentants influents de la finance, belges de nationalité, mais cosmopolites de tempérament ou d'intérêt. Aussi bien sont-ils aidés puissamment par leur gouvernement, par leurs diplomates, par tous leurs compatriotes. Plus encore que chez eux, les Allemands sont à l'étranger les partisans convaincus de la « plus grande Allemagne ». Et tel commerçant qui, à Posen, à Dusseldorf, à Baden-Baden, à Munich ou même à Berlin, voterait contre les pangermanistes, est plus pangermaniste que quiconque à Anvers ou à Bruxelles.

« Il sait que là où il s'installe, la place est investie, et qu'il est l'avant-garde des uhlans ou des hussards de la mort. C'est l'Allemagne tout entière qui le suit. Il n'a garde de faillir à sa tâche. Au reste, celle-ci lui est grandement facilitée par la complicité, consciente ou non, d'un certain nombre de représentants de la haute finance belge ou même française, et par la veulerie des autres. »

* * *

Au nombre des « représentants de la haute finance française » dont parle l'article précité, la Banque de Paris figure en bonne et due place, tout naturellement. On sait qu'en Belgique la loi ordonne de publier dans *le Moniteur officiel belge*, la liste des souscripteurs de toute entreprise qui se crée sous le régime de la législation belge. C'est donc à cette source officielle qu'ont été puisés les renseignements qu'on va lire ; c'est le relevé des noms des participants dans quelques entreprises de banque internationales fondées ou reconstituées en Belgique un peu avant la guerre de 1914.

BANQUE D'OUTRE-MER, Capital : 40 millions.—Participants : *Banque de Paris et des Pays-Bas, Deutsche Bank, Société Générale de Belgique, Société Générale* de Paris, Sal. Oppenheim J^r de Cologne, *Disconto-Gesellschaft* de Berlin. M. André Bénac, représente la *Banque de Paris* dans le conseil d'administration, où il voisine avec M. Franz Urbig, gérant de la *Disconto-Gesellschaft* et M. Wallich, administrateur de la *Deutsche Bank.*

Cette Société a pris part notamment à la constitution des *Chemins de fer du Dahomey* et d'une puissante Société allemande de télégraphie sans fil.

SOCIÉTÉ FINANCIÈRE D'ORIENT, Capital : 5 millions.— *Participants : Banque Ottomane*, MM. Bardac, chevalier de Hahn, de Vienne ; *Société Générale* de Paris, *Régie de chemins de fer* allemands, maison *S. Bleichrœder*, de Berlin.

SOCIÉTÉ FINANCIÈRE DE VALEURS AMÉRICAINES, Capital : 30 millions. — Participants : *Kuhn Loeb* (de New-York), *Société Générale de Belgique, Banque de Bruxelles, Banque de Paris et des*

Pays-Bas, Philippson et Cie, Deutsche Bank, War- burg et Cie, de Hambourg, *Société Générale* de Paris, *Société Française de Banque et de Dépôts*, filiale de la *Société Générale, Banque d'Outre mer* déjà citée, A. Spitzer, administrateur de la *Société Générale* et de la *Banque Rouvier, Banque Française pour le Commerce et l'Industrie* (Rouvier), *Banque Internationale de Bruxelles, Banque J. Allard, Société Belge de Banque*, etc.

Fait à noter : alors que les banques françaises ont souscrit dans cette affaire 17 000 actions sur 60.000, soit plus du quart du capital, elles n'ont qu'*un* administrateur sur *quatorze*. Ainsi s'était affirmée la prédominance des banques allemandes : les banques françaises étaient des vassales, chargées de fournir à la finance allemande l'appoint de capitaux qui lui était nécessaire pour entreprendre la guerre.

Pour apprécier à quel point le groupe qui a constitué cette *Société Financière de Valeurs Américaines* est germanique de tendances, quelques précisions sont nécessaires au sujet de la *Banque Internationale de Bruxelles*, de la *Banque Allard* et de la *Société Belge de Banque*.

La *Banque J. Allard*, comme on le sait, n'est que la façade à Paris de la *Dresdner Bank*.

Quant à la *Société Belge de Banque*, c'est également un organisme d'inspiration allemande, constitué par les participants suivants : *Crédit Anversois, National Bank für Deutschland, Compagnie Française de Banque et de Mines*, H. Bousquet (administrateur de la *Banque Rouvier* et du *Crédit Mobilier Français*), A. J. Stern. Le *Crédit Anversois* a lui-même comme gros actionnaires la *Bank für Handel und Industrie (Berlin et Darmstadt)* et le *Crédit Mobilier Français*, dont on connaît les liens étroits avec la *National Bank für Deutschland*.

Terminons par le cas non moins typique de la *Banque Belge de Chemins de fer*, constituée le 10 novembre 1894, sous les auspices de la Banque de Paris, avec siège social à Bruxelles. Sur le capital initial de 10 millions, en 20.000 actions de 500 francs, il y en eut 4.550 souscrites par la *Banque de Paris*, laquelle assumait en outre le service financier. Les autres souscripteurs principaux étaient la *Wiener Bankverein*, la *Banque Reizes Gebrüder* de Vienne, la *Deutsche Bank* et la *Dresdner Bank*.

Le président du Conseil d'administration de cette *Banque Belge de Chemins de fer* était feu le chevalier de Bauer, l'un des administrateurs principaux de la Banque de Paris et chef de ses services à Bruxelles. Or, qui trouvons-nous à ses côtés? Une nuée d'Austro-Allemands qui administraient avec lui ladite banque belge : *Bernard Popper*, de Vienne ; *Gustav Bloch*, de Vienne ; *Eugène Gutman*, de Berlin ; *Léo Lanczy*, de Budapest ; *von Pflaum*, de Stuttgart ; *Richard Reisch, Hans von Reitzes* (1), *Paul Schift*, tous de Vienne.

1. Les financiers Viennois Reitzes, co-actionnaires dans cette affaire de la Banque de Paris, étaient commanditaires

Que contenait le portefeuille de cette banque ? Pas un titre français, mais en revanche il était saturé du papier des Sociétés austro-allemandes. Il y avait, par exemple, 15.3oo.ooo francs de titres des *Chemins de fer hongrois d'intérêt local* ; des milliers d'actions et d'obligations des *Chemins de fer Aussig-Teplitz*, des *Chemins de fer de Buchtiehrad et de Graz-Kieffach*, des *Tramways de Budapest*, de la *Shantung Eisenbahn A.-G.*, etc., toutes entreprises dont les dénominations mêmes trahissent l'origine, et nous n'en citons que quelques échantillons au hasard.

du fameux banquier O. A. Rosenberg, qui fut chassé de la Bourse de Paris à coups de pied dans le bas de sa jaquette.

CHAPITRE IV

———

Après les banques, les affaires industrielles pro-
boches retiennent l'attention de la Banque de
Paris. — Elle y participe largement en compagnie
des financiers berlinois et viennois. — Tramways de Bilbao. — Société générale d'Entreprises
électriques. — Électricité de Rosario, d'Odessa et
du Borinage. — Tramways de Buenos-Aires. —
Parmi les souscripteurs de l'Imatra : Banque de
Paris et Deutsche Bank. — Le concours de nos
banques de dépôt et celui des banques d'affaires
prêté à l'Emprunt français 3 1/2 1914.

Après ces exemples démonstratifs, pris dans les
affaires de banque, il peut être intéressant d'en citer
quelques-uns relevés dans le groupe des sociétés
industrielles.

Tramways et électricité de bilbao. Capital :
7.500.000 francs. — Participants : *Banque de
Paris et des Pays-Bas, Société Générale d'Entreprises Electriques, Société Financière de Transports et d'Entreprises Industrielles, Société Générale de Chemins de fer Economiques, Gesellschaft
für Elektrische Unternehmungen, Banque de*

Bruxelles, Banque Internationale de Bruxelles, Cassel et Cie, Josse Allard. Il est à remarquer que la *Société Générale Belge d'Entreprises Electriques* et la *Financière de Transports et d'Entreprises Industrielles* sont des émanations de la *Gesellschaft für Elektrische Unternehmungen*, de Berlin, ainsi qu'il résulte des renseignements ci-dessous :

SOCIÉTÉ GÉNÉRALE D'ENTREPRISES ÉLECTRIQUES. — Participants : *Comptoir National d'Escompte de Paris, Banque de Bruxelles, Banque Cassel et Cie, Société Générale de Chemins de fer économiques, Compagnie Générale de Chemins de fer Secondaires, Gesellschaft für Elektrische Unternehmungen, Banque J. Allard et Cie.* Cette société est intéressée dans l'*A. E. G. Union Electrique* et dans la *Compagnie Générale Russe d'Electricité A. E. G.*, toutes deux filiales de *l'Allgemeine Elektricitäts Gesellschaft*, de Berlin. Nous allons la retrouver comme participante dans de nombreuses affaires. La *Banque de Paris et des Pays-Bas* assure son service financier.

SOCIÉTÉ FINANCIÈRE DE TRANSPORTS ET ENTREPRISES INDUSTRIELLES. Capital : 15 millions. — Participants : *Disconto Gesellschaft, Dresdner Bank, J. Allard, Gesellschaft; für Elektrische Unternehmungen, Banque Liégeoise.* Parmi les administrateurs : M. Hamspohn, directeur de l'*Allgemeine Elektricitäts Gesellschaft;* M. Oliven, de la *Gesellschaft für Elektrische Unternehmungen;* M. Salomonsohn, associé de la *Disconto Gesellschaft.*

ÉLECTRICITÉ DE ROSARIO. Capital : 17.500.000 fr. — Participants : *Financière de Transports et d'Entreprises Industrielles, Société Centrale pour l'Industrie Electrique, Tramways de Rosario, Cassel et Cie, Josse Allard, Gesellschaft für Elektrische Unternehmungen, Société Générale Belge d'Entreprises Electriques, Banque Internationale de Bruxelles, Dresdner Bank, Disconto-Gesellschaft.*

Les Banques françaises n'ont pris directement aucune participation, mais elles sont représentées par la *Société Centrale pour l'Industrie Electrique,* et, dans le conseil d'administration, on voit M. Turrettini, directeur général de la *Banque de Paris et des Pays-Bas* et M. O. Homberg, administrateur de la *Banque de l'Union Parisienne,* à côté de MM. Salomonshon et Oliven, de Berlin, cités plus haut.

ÉLECTRICITÉ D'ODESSA. Capital : 8 millions. — Participants : *Société Générale Belge d'Entreprises Electriques, Gesellschaft für Elektrische Unternehmungen, Financière de Transports et Entreprises Industrielles, Mutuelle de Tramways, Philippson et Cie, Banque de Bruxelles, Banque de Paris et des Pays-Bas.*

ÉLECTRICITÉ DU BORINAGE. Capital 2.500.000 fr. — Participants : *Banque Internationale de Bruxelles, Banque de Paris et des Pays-Bas, Société Générale Belge d'Entreprises Electriques, Financière de Transports et Entreprises Industrielles,* etc.

TRAMWAYS DE BUENOS-AIRES. Capital : 65 millions. — Participants : *Financière de Transports, Chemins de fer Economiques, Belge d'Entreprises Electriques, Gesellschaft für Elektrische Unternehmungen, Comptoir National d'Escompte de Paris* (agence de Londres ?) *Banque de Paris et des Pays-Bas, Banque de Bruxelles, Société Générale de Belgique, Banque Internationale de Bruxelles, Lœve et Cie*, de Berlin ; *Banque d'Outre-mer, Josse Allard, Cassel et Cie, Philippson et Cie, Disconto-Gesellschaft, Deutsche Bank, Dresdner Bank, A. Schaffhausen'cher Bankwerein, M. S. Bleichrœder, National Bank für Deutschland, Berliner Handelssellschaft, Bank für Handel und Industrie*, etc.

Tramways et Électricité en Russie. Capital : 10 millions.— Participants : *Belge d'Entreprises Electriques, Financière de Transports, Ges. für Elektrische Unternehmungen, Chemins de fer Economiques, Mutuelle de Tramways, Société Générale de Belgique, Banque de Paris et des Pays-Bas, Banque de Bruxelles, Banque d'Outre-mer, Philippson et Cie*, les *Exploitations Electriques*.

Voici exactement comment et par qui ont été souscrites les 20.000 actions :

Société Générale belge d'Entreprises Electriques (filiale d'entreprises allemandes)................................... 4.848 actions

Société Financière de Tr insports et d'Entreprises industrielles (filiale d'entrepr. allemandes)............................. 2.800 —

Gesellschaft jür Elektrische Unternehmungen......	2.800	actions
Société générale de Chemins de fer écomiques......	1.600	—
Cⁱᵉ Mutuelle de Tramways (intérêts all.).	1.600	—
Société Générale de Belgique......	1.120	—
Banque de Bruxelles(intérêts allemands).	1.120	—
BANQUE DE PARIS ET DES PAYS-BAS.....	1.120	—
Banque Philippson (intérêts allemands).	1.120	—
Exploitations Électriques (intér. allem.).	912	—
Banque d'Outre-mer (intérêts allemands)	320	—
Dresdner Bank......	320	—
Direktion der Diskonto Gesellschaft....	320	—

* * *

En 1911 ou 1912, il se constituait à Bruxelles sous la dénomination d'*Imatra* (*Société pour l'exploitation des forces hydrauliques et la distribution de l'énergie électrique*), une société anonyme au capital de 30.000.000 de francs dans le but principal de mettre en valeur et d'exploiter des forces hydrauliques en Finlande. Parmi les projets à l'étude, figurait entre autres celui de l'établissement d'une grande usine de force électrique en vue de la transmission d'un courant puissant jusqu'à Saint-Pétersbourg. Il devait être émis également pour 30.000.000 de francs d'obligations et créé 240.000 actions ordinaires sans désignation de valeur.

Qui voyons-nous parmi les participants? Toujours les financiers teutons étroitement liés avec la Banque de Paris,

La liste des souscripteurs du capital initial de l'Imatra va finir de nous édifier :

Société Générale de Belgique........... 1.000.000 fr.
Banque de Paris...................... 1.000.000 fr.
Philippson et Cⁱᵉ..................... 1.000.000 fr.
Banque Internationale de Bruxelles..... 1.000.000 fr.
Banque de Reports.................... 1.000.000 fr.
Deutsche Bank....................... 1.800.000 fr.
Bank für Handel und Industrie......... 600.000 fr.
Banque de Commerce de l'Azoff-Don.... 500.000 fr.
Banque de Commerce privée........... 500.000 fr.
Société pour l'éclairage électrique (1886)
    à Pétrograd............... .... 8.000.000 fr.
Éclairage électrique de Pétrograd...... 500.000 fr.
Auxiliaire d'Entreprises électriques à
    Bruxelles .... 500.000 fr.
Centrale de l'Industrie électrique de
    Bruxelles........................... 4.400.000 fr.
Mutuelle de Tramways de Bruxelles.... 500.000 fr.
Tramways et Entreprises électriques de
    la banlieue de Pétrograd............. 500.000 fr.
Bank für elektrische Unternehmugen de
    Zurich........................... 2.400.000 fr.
Elektrische Licht und Kraftanlagen Aktien-
    gesellschaft von Berlin.............. 2.400.000 fr.
Société suisse d'industrie électrique de
    Bâle.............................. 2.400.000 fr.

Faisons remarquer que la *Banque Internationale de Bruxelles*, participante dans cette affaire, a été constituée par un groupe allemand et autrichien, qui comprend notamment : *Bank für Handel und Industrie*, Berlin ; *Berliner Handelsgesellschaft ; K. K. Oesterr. Crédit Anstalt für Handel und Gewerbe*, Vienne ; *Deutsche Effecten und Wechsel Banck*, Francfort ; *Rheinisch Westfœliche Disconto-Gesellschaft ; A. Schauffhausen'scher Bankverein*, Cologne ; *Schweizerischer Bankverein*, Bâle ; MM. Sal. Oppenheim J^r et C°, Cologne ; *Banque Commerciale Hongroise*, Pest ; *Banque I. R. P. Pays-Autrichiens*, Vienne.

Société Belge Industrielle et Minière du Katanga

Parmi les actionnaires :

Diskonto Gesellschaft, de Berlin........	3.000	actions
Banque de Bruxelles (intérêts allemands).	1.000	—
Banque internationale de Bruxelles (Société germano-autrichienne)...........	1.000	—
Banque d'Outre-mer (intérêts allemands)	1.000	—
Banque de Paris et des Pays-Bas......	1.000	—
Philippson et Cie (intérêts allemands)....	1.000	—
Cie du Congo pour le Commerce et l'Industrie (affaire étroitement liée avec la Deutsche Bank et la Deutsch-Ostafrikanische Gesellschaft)...............	1,000	—

*
* *

Si, dans le cartel des affaires d'inspiration ou de création germanique, on rencontre par-ci par-là des banques françaises, c'est dans toutes que l'on voit apparaître la Banque de Paris, soit par elle-même, soit par l'un de ses délégués, administra-teur, directeur, ou syndicataire. Par souci de la vérité nous devons rendre publiquement cette jus-tice au *Crédit Lyonnais*, que nous ne le voyons figurer nommément, ni lui ni aucun de ses admi-nistrateurs, dans les entreprises pro-boches que nous avons étudiées.

Il y a un rapprochement de comparaison très instructif et très significatif à faire entre le rôle et l'influence de la banque de dépôts proprement dite, dont les prototypes sont le *Crédit Lyonnais*, la *Société Générale*, le *Comptoir national* et le *Crédit industriel et commercial* (1) et le rôle joué par les banques d'affaires représentées par la *Banque de Paris*, la *Banque de l'Union Parisienne*, le *Crédit Mobilier Français* et la *Banque Française pour le Commerce et l'Industrie*.

On saisira tout de suite la valeur de cette remarque par la constatation suivante. Le 7 juillet 1914, avait lieu l'émission d'un emprunt français en rentes 3 1/2 o/o. Aux banques qui prêtèrent leur concours à cette émission, l'État allouait une commission de o fr. 06 par franc de rente attribué. Le montant des commissions perçues à cette occasion par chaque banque détermine de lui même le rôle utilitaire et l'importance de chacun de nos établissements de cré-

1. Nous devons ajouter à cette nomenclature la *Banque Nationale de Crédit* qui semble vouloir prendre une place prépondérante. Puisse-t-elle justifier toujours son épithète nationale.

dit, dans la proportion des chiffres ci-après publiés
par le ministère des Finances :

Crédit Lyonnais	349.545 42
Société Générale	328.406 82
Comptoir National d'Escompte	140.338 80
Crédit Foncier de France	99.616 02
Chambre syndicale des 70 agents de change de Paris	87.575 04
Banque française (Rouvier)	50.306 34
Crédit industriel et commercial	47.517 96
Banque de Paris	30.651 18
Banque de l'Union Parisienne	28.899 78
Banque Suisse et Française	22.502 34
Crédit du Nord	13.573 98
Crédit Algérien	13.179 60
Banque des Pays du Nord	12.479 46
Banque Nationale de Crédit	12.041 40
Crédit mobilier Français	19.084 20
Banque ottomane	8.757 42
Banque Privée	8.319 36
Banque Transatlantique	7.553 28
Société Marseillaise	5.911 50
Société française de Reports	4.922 82
Crédit Français	4.378 92
Banque de l'Indo-Chine	2.627 10
Société Centrale des Banques de Province	2.189 46
Compagnie Algérienne	1.532 58
Banque d'Asace-Lorraine	438 06
Société Lyonnaise de dépôts	262 92
Société syndicale de Banque	152 88
Crédit foncier d'Algérie et de Tunisie	10 50

Il se dégage de ces chiffres tout un enseignement propre à indiquer aux pouvoirs publics comme aux institutions bancaires une directive pour l'après-guerre.

* * *

Soyons juste. L'assaut de l'épargne française, au profit de l'étranger, ne fut pas mené exclusivement par la Banque de Paris. Sans conteste, celle-ci tient triomphalement la tête du mouvement, mais d'autres l'ont suivie ou accompagnée dans le sillage.

La *Banque de l'Union Parisienne* peut se flatter, elle aussi, de tenir une place « honorable » dans l'œuvre antifrançaise des banques d'affaires. Elle aussi a depuis longtemps partie liée avec la finance allemande, notamment dans l'*Astra Romana* et avec la *Deutsche Bank*. En 1910, la *National Bank für Deutschland* entrait en relations étroites avec le *Crédit Mobilier Français* dont elle souscrivait une partie importante de l'augmentation du capital. Il est piquant de faire remarquer que le bulletin financier des *Annales politiques et littéraires* est affermé par le *Crédit Mobilier Français*. Les « cousins » et les « cousines » de M. Adolphe Brisson et d'Yvonne Sarcey, ont sans doute ignoré pendant longtemps que leur revue travaillait à son insu pour le roi de Prusse. Les origines et la vie agitée de la *Banque Continentale de Paris*, contrôlée à sa création par l'Allemand Behrens de Hambourg, sont également connues. La *Banque Allard*, répétons-le, n'était en réalité que la façade à Paris de la Dresdner Bank (Cf. Eugen Kauffmann, *Das französische Bankwesen*). Bien d'autres exemples encore seraient à signaler. Mais abandonnons pour le moment les satellites de la Banque de Paris qui pourront faire l'objet d'autres études et revenons au sujet principal de cet ouvrage.

CHAPITRE V

Aprés les combinaisons occultes, les participations
avouées. — Tableaux des émissions les plus
·récentes ou les plus connues de la Banque de
Paris, avec indication des capitaux engagés et
comparaison des cours d'émission et des cours
cotés en septembre 1916. — Plus de 25 à 30 milliards d'argent français dont notre commerce,
notre industrie et notre défense nationales ont
été privés.

Les affaires dont nous venons de parler dans les
trois chapitres précédents, constituent ce que l'on
peut appeler les participations occultes de la Banque
de Paris. Ce sont les combinaisons, inavouées ou
inavouables, qu'on s'efforce de couvrir d'un voile
épais ; ce sont les opérations cachées dont la Banque
de Paris dissimulera soigneusement à ses actionnaires l'existence, la conduite et les résultats.

On chercherait vainement, en effet, dans les rapports annuels présentés aux assemblées des actionnaires, une allusion aux participations prises par la
Banque de Paris dans les syndicats d'affaires alle-

mandes ou pro-boches dont nous venons de révéler quelques spécimens.

.Abordons maintenant les affaires moins mystérieuses, celles dont les actions et les obligations connurent les honneurs ou les tristesses de la Cote. Aidons-nous, dans ce but, de *l'Annuaire des Agents de change de Paris* et de celui du Syndicat de la Coulisse. Nous allons relever dans ces deux publications officielles l'ensemble des émissions les plus récentes ou les plus connues faites sous l'égide de la Banque de Paris.

Au moyen de trois tableaux, nous mettons sous les yeux du lecteur d'utiles et intéressants éléments d'appréciation :

1° *Tableau des valeurs émises, patronnées ou contrôlées par la Banque de Paris avec le montant des capitaux investis ou émis;*

2° *Tableau des Fonds d'États émis, patronnés ou contrôlés par la Banque de Paris avec indication du montant de chaque emprunt;*

3° *Tableau comparatif des cours d'émissions ou les plus élevés et les cours cotés en septembre 1916 par les valeurs et emprunts figurant dans les deux tableaux précédents.*

*   *
*

De l'examen, même superficiel, de ces statistiques sommaires, on retiendra quelques observations. Il n'y figure aucune entreprise nationale ; nous ne sommes pas parvenu à découvrir une société française que la Banque de Paris ait soutenue entièrement de ses propres capitaux. On constatera d'autre part que les capitalistes français n'ont pas toujours eu à se féliciter d'avoir subi les suggestions de la Banque de Paris. On s'en rendra compte plus loin dans les chapitres consacrés, entre autres, à la *Foncière du Mexique*, au *Chemin de fer de Rosario-Puerto-Belgrano* et aux *Bons du Trésor Mexicain 6 o/o 1913*.

Remarquons encore que nous avons intentionnellement éliminé des tableaux ci-après les affaires exotiques dans lesquelles la Banque de Paris n'a joué que le rôle de co-participant ou de sous-participant.

Pour former les totaux des capitaux émis ou investis, nous n'avons fait porter nos calculs que sur la valeur nominale ou le prix d'émission de chaque titre, de sorte que nous sommes bien au-dessous de la vérité. Par souci d'une rigueur mathématique, il conviendrait d'ajouter à ces chiffres, les sommes que des primes exorbitantes, des spéculations fantasmagoriques ont soutirées aux capitalistes. En évaluant ces sommes de façon très modérée, c'est un chiffre global d'environ 10 milliards de francs qui, par les soins de la Banque de Paris, ont franchi nos frontières sous nos yeux et se sont volatisés en peu d'années aux quatre coins de l'univers, s'employant invariablement au service de l'étranger.

Si l'on additionne ces milliards aux capitaux engagés directement dans les entreprises purement austro-allemandes ou belgo et suisses-allemandes, dont nous avons cité quelques-unes dans les chapitres qui précèdent, on peut chiffrer par plus de 25 à 3o milliards l'argent dont le commerce de la France et notre défense nationale ont été privés.

Le lecteur l'a déjà compris. Il importe éminemment de moins s'appesantir sur la qualité, souvent discutable, des placements conseillés par la Banque de Paris, que sur la destination et l'utilisation de nos capitaux exportés.

*
*   *

Valeurs émises patronnées ou contrôlées en France par la Banque de Paris, avec l'indication du montant des capitaux émis ou investis :

Désignation	Montants
Aciéries de Piombino, actions......	23.272.5oo fr.
American Smelters, actions	73.67o.ooo fr.
American Téléphone, actions......	225.ooo.ooo fr.
Astra Romana, actions............	38.3i8.ooo fr.
Banque Commerciale Italienne, actions...........................	13o.ooo.ooo fr.
Banque Hongroise des Rentes et du Crédit agricole, actions..........	25.2oo.ooo fr.
Banque hypothécaire d'Espagne, actions............................	5o.ooo.ooo fr,

Banque de Londres et de Mexico, actions....................... 43.000.000 fr.

Banque Nationale du Mexique, actions......................... 64.000.000 fr.

Banque Nationale du Mexique, parts. 15.000.000 fr.

Banque hypothécaire de Suède, actions........................... 18.240.000 fr.

Brazil Railway, actions............. 250.000.000 fr.

Brazil Railway, obligations......... 611.000.000 fr.

Brazil Railway, filiales............ 1 488.200.000 fr.

Cartoucheries de Toula, actions.... 13.000.000 fr.

Central Pacific Railway, actions... 23.550.000 fr.

Chemins de fer nationaux du Mexique, obligations................ 136.290.000 fr.

Chemin de fer de Santa-Fé, actions. 72.000.000 fr.

Chemin de fer de Santa-Fé, obligations........................... 82.288.000 fr.

Chemin de fer Rosario Puerto-Belgrano, actions.................... 52.500.000 fr.

Chemin de fer de Rosario Puerto-Belgrano, obligations............ 137.500.000 fr.

Chicago Milwaukee, obligations.... 242.500.000 fr.

Crédit foncier franco-canadien, actions.......................... 55.000.000 fr.

Crédit foncier de Santa-Fé, actions. 20.400.000 fr.

El Buen Tono, action ordin........ 40.000.000 fr.

—   — de préf....... 25.000.000 fr.

Fondiaria vie..................... 8.000.000 fr.

— accidents............... 25.000.000 fr.

Foncière du Mexique, actions...... 20.750.000 fr.

—   — obligations... 24.500.000 fr.

Haut-Volga, actions............... 8.000.000 fr.

Machines Hartmann, act........... 19.000.000 fr.

Métallurgique de Taganrog, actions.   25.5oo.ooo fr.
Mines de Balia-Karaïdin, actions....   6.6oo.ooo fr.
Norvégienne de l'azote, actions ordin.   69.922.o5o fr.
    —   —   actions préf.   7.5oo.ooo fr.
    —   —   obligations..   78.3oo.ooo fr.
Phénix autrichien, assurance, ac-
    tions....... ....   7.6oo.ooo fr.
Port de Rio Grande, actions........   39.ooo.ooo fr.
    —   —   obligations. ...   95.92o.ooo fr.
Usines Maltzoff, actions...........   25.ooo.ooo fr.
Volga-Vichera. ....   25.o5o.ooo fr.

* * *

*Fonds d'États et emprunts de villes émis, patron-
nés ou contrôlés en France par la Banque avec
indication du montant nominal de chaque emprunt :*

Désignation	Montants
Argentin 4 o/o 1884..................	42.855.ooo fr.
— 5 o/o or 1907................	176.4oo.ooo fr.
— 5 o/o or 1909................	85.68o.ooo fr.
Bahia 5 o/o 1888 (État de).............	20.ooo.ooo fr.
Berne 5 o/o 1895....................	48.697.ooo fr.
— 3 o/o 1897........	5o.ooo.ooo fr.
— 3 1/2 1899.............	15.ooo.ooo fr.
— 3 1/2 1900................	20.ooo.ooo fr.
Brésil 5 o/o 1908-1909.....	100.ooo.ooo fr.
Province de Buenos-Aires 4 1/2 or 1910.	88.2oo.ooo fr.
Bulgare 5 o/o 1896..................	3o.ooo.ooo fr.

Bulgare 5 o/o or 1902..................   106.000.000 fr.
—   5 o/o or 1904..................   100.000.000 fr.
—   4 1/2 or 1907..................   145.000.000 fr.
Chinois 4 o/o 1895....................   400.000.000 fr.
—   5 o/o 1903....................   41.000.000 fr.
Danois 3 1/2 1886....................   60.000.000 fr.
—   3 o/o or 1894................   35.000.000 fr.
—   3 o/o or 1897................   100.800.000 fr.
Espirito-Santo 5 o/o 1894.............   17.500.000 fr.
Hollandais 3 o/o 1896-1905............   955.564.800 fr.
Mexique. Bons du Trésor 6 o/o 1913...   151.500.000 fr.
—   4 o/o 1910..   280.275.000 fr.
Québec 4 1/2 1880....................   21.965.000 fr.
—   3 o/o 1894....................   27.632.000 fr.
Santa-Fé 5 o/o or 1910...............   17.605.000 fr.
Sao-Paulo 5 o/o or 1905 (1)...........   95.597.500 fr.
Sao-Paulo 5 o/o or 1907..............   50.400.000 fr.
Sao-Paulo. Bons du Trésor 5 o/o 1913.   63.000.000 fr.
Suisse, Rente 3 o/o des chemins de fer.   69.333.000 fr.
Suisse, Emprunt 3 o/o des chemins de
  fer 1899-1902......................   500.000.000 fr.
Suisse, Rente 1900 des chemins de fer.   75.000.000 fr.
Urugay 3 1/2 Consol..................   51.250.000 fr.
—   5 o/o or 1905.................   174.200.000 fr.
—   5 o/o or 1909.................   32.177.500 fr.
Ville de Budapest 4 o/o 1911 ....   105.000.000 fr.
Ville de Vienne 4 o/o 1902............   299.250.000 fr.

* * *

1. Émis en collaboration avec la Dresdner Bank qui était
la principale contractante. Cf., p. 337 de *l'Annuaire des
Agents de change de Paris*, édit. 1914.

Tableau comparatif des cours d'émission ou les plus élevés et des cours cotés en septembre 1916 par les valeurs et emprunts figurant dans les deux tableaux précédents:

Désignation des valeurs	Cours d'émission ou cours le plus haut	Cours en sept. 1916
Aciéries de Piombino........	165 fr.	120 fr.
American Smelters..........	493 fr.	554 fr.
American Téléphone.........	795 fr.	765 fr.
Astra Romana..............	744 fr.	1.170 fr.
Banque commerciale italien...	960 fr.	610 fr.
Banque hongroise des Rentes..	550 fr.	Plus coté
Banque hypothécaire d'Espagne	875 fr.	690 fr.
Banque de Londres et Mexico.	707 fr.	240 fr.
Banque Nationale du Mexique, act......................	1.245 fr.	410 fr.
Banque Nationale du Mexique, parts.....................	950 fr.	Plus coté
Banque hypothécaire de Suède, oblig	516 fr.	511 fr.
Brazil Railway, actions priv..	641 fr.	Plus coté
— — ord....	610 fr.	Plus coté
— obligations....	460 fr.	350 fr.
Cartoucheries de Toula......	1.065 fr.	1.487 fr.
Central Pacific Railway......	473 fr.	425 fr.
Chemin de fer nationaux du Mexique act............,....,.	201 fr.	58 fr.

Chemins de fer nationaux du Mexique, oblig.............	462 fr.	480 fr.
Chemins de fer Province de Santa-Fé.................	462 fr.	406 fr.
Chemins de fer Rosario-Puerto-Belgrano, actions..........	385 fr.	38 fr.
Chemins de fer Rosario-Puerto-Belgrano, obligations.......	484 fr.	197 fr.
Chicago Milwaukee, actions..	475 fr.	480 fr.
Crédit foncier franco-canadien, actions...................	893 fr.	710 fr.
Crédit foncier franco-canadien, obligations 3 o/o...........	429 fr.	323 fr.
Crédit foncier franco-canadien, obligations 3,40............	481 fr.	370 fr.
Crédit foncier franco-canadien, obligations dif.............	473 fr.	370 fr.
Crédit foncier franco-canadien, obligations 4 o/o...........	493 fr.	413 fr.
Crédit foncier franco-canadien, obligations 5 o/o............	484 fr.	479 fr.
Crédit foncier de Santa-Fé, actions...................	430 fr.	290 fr.
Crédit foncier de Santa-Fé, obligations 4 1/2...........	475 fr.	Plus coté
Crédit foncier de Santa-Fé, obligations 5 o/o...........	101 fr.	97 fr.
El Buen Tonoa, actions ordin.	585 fr.	130 fr.
El Buen Tono, actions préfér..	560 fr.	140 fr.
Fondiara Vie...	200 fr.	Plus coté
— Incendie..........	251 fr.	Plus coté
Foncière du Mexique act.....	439 fr.	10 fr.
— — oblig...	491 fr.	80 fr.

Haut Volga, act. ordin.......	44o fr.	59 fr.
— act. privil.......	59o fr.	1o8 fr.
Machines Hartmann.........	1.o6o fr.	51o fr.
Métallurgique de Taganrog..	686 fr.	43o fr.
Mines de Balia Karaïdin.....	76o fr.	5o6 fr.
Norvégienne de l'azote, oblig.	495 fr.	46o fr.
Norvégienne de l'azote, act. ordin.......................	34o fr.	53o fr.
Norvégienne de l'azote, act. préfer.....................	352 fr.	536 fr.
Phénix autrichien.........	3oo fr.	Plus coté
Argentin 4 o/o 1884..	426 fr.	Pas de cours
— 5 o/o or 1907.......	495 fr.	475 fr.
— 5 o/o or 1909.......	497 fr.	49o fr.
Bahia 5 o/o 1888.............	488 fr.	34o fr.
Berne 5 o/o 1895.............	491 fr.	395 fr.
— 3 o/o 1897.............	49o fr.	Pas de cours
— 3 1/2 1899.............	492 fr.	44o fr.
— 3 1/2 1900.............	47o fr.	412 fr.
Brésil 5 o/o 1908.............	475 fr.	37o fr.
Prov. Buenos-Aires 1910	487 fr.	295 fr.
Bulgare 5 o/o 1896...........	45o fr.	36o fr.
— 5 o/o or 1902........	47o fr.	363 fr.
— 5 o/o or 1904........	447 fr.	349 fr.
— 4 1/2 or 1907........	45o fr.	292 fr.
Chinois 4 o/o 1895...........	496 fr.	45o fr.
— 5 o/o 1903...........	482 fr.	42o fr.
Danois 3 1/2 1886...........	49o fr.	Pas de cours
— 3 o/o 1894...........	48o fr.	37o fr.
— 3 o/o 1897...........	49o fr.	395 fr.
Espirito Santo 5 o/o 1894....	415 fr.	Pas de cours
Hollandais 3 o/o 1896-1905....	97 fr.	84 fr.
Mexique, Bons du Trésor, 1913	49o fr.	Pas de cours

Mexique 4 o/o 1910............	493 fr.	Pas de cours
Québec 4 1/2 1880............	490 fr.	518 fr.
— 3 o/o 1894............	427 fr.	315 fr.
Santa-Fé 5 o/o 1910..........	480 fr.	425 fr.
Sao-Paulo 5 o/o 1905.........	490 fr.	417 fr.
Port de Rio Grande, actions..	700 fr.	Plus coté.
— oblig.....	449 fr.	175 fr.
Télégraphes du Nord........	1.090 fr.	1.120 fr.
Usines Maltzoff..............	2.804 fr.	760 fr.
Volga-Vichera...............	770 fr.	9 fr.
Sao-Paulo 5 o/o 1907.........	480 fr.	393 fr.
— 5 o/o 1913.........	492 fr.	490 fr.
Suisse 3 o/o Chemin de fer...	457 fr.	345 fr.
— 3 o/o 1899-1902........	495 fr.	430 fr.
— 3 o/o 1900............	490 fr.	465 fr.
Uruguay 3 1/2, Consul.......	80 fr.	70 fr.
— 5 o/o or 1905........	102 fr.	90 fr.
— 5 o/o or 1909.......	101 fr.	Plus coté.
Ville de Budapest............	414 fr.	—
Ville de Vienne..............	423 fr.	—

CHAPITRE VI

La France prête l'argent. — Ses concurrents ou ses ennemis recueillent les commandes. — Appréciation et témoignage du comité Mascuraud. — La Banque de Paris associée du financier judéoboche Hirschler qui opéra la razzia de la Brazil Railway. — Liste complète des commanditaires de la banque Hirschler. — La Banque de Paris prête un concours dérisoire à l'Emprunt de la Défense nationale émis en novembre 1915. — Un tableau suggestif et instructif. — Un commentaire net, bref et expressif de M. Alfred Oulman.

Quand nous disons que la Banque de Paris a drainé nos épargnes au profit exclusif de l'étranger, cette assertion aura, aux yeux du lecteur, toutes les allures d'un paradoxe effarant.

Brandissant un rapport annuel de la Banque de Paris, on sera tenté de nous confondre sans réplique par ce texte extrait du rapport de 1913 et publié par la presse au mois de mai 1914 :

« Parmi les opérations auxquelles la *Banque de Paris et des Pays-Bas* a participé, le rapport mentionne :

« L'emprunt 3 1/2 o/o du gouvernement général de l'Indo-Chine ; l'emprunt suédois 4 1/2 o/o ; l'emprunt chinois de réorganisation 5 o/o ; l'émission des bons 5 o/o du Trésor de l'État de Sao-Paulo et des bons 6 o/o du Trésor du gouvernement fédéral mexicain.

« L'émission des obligations 3 1/2 o/o du Crédit Foncier de France ; des obligations 4 o/o du Chemin de fer Électrique souterrain Nord-Sud de Paris ; du Crédit Foncier-Égyptien ; des obligations 4 1/2 o/o des Chemins de fer Russes de la mer noire ; de Semiretschinsk (Est Turkestan Russe) ; de la Société des Embranchements de Chemins de fer en Russie ; des obligations 5 o/o de la Compagnie des Messageries Maritimes ; de la Société des Ateliers et Chantiers de la Loire ; de la Compagnie Orientale de Colonisation ; de la Compagnie Française du Port de Rio Grande do Sul ; du Crédit Foncier Franco-Canadien ; des bons 6 o/o de la Brazil Railway Company et de la Compagnie Auxiliaire des Chemins de fer au Brésil.

« L'augmentation du capital de la Compagnie d'Électricité de l'Ouest-Parisien (Ouest-Lumière), de la Société anonyme des Établissements Blériot, de la Compagnie Générale des Omnibus, de la Société d'Éclairage, Chauffage et Force Motrice, de la Compagnie Générale du Gaz pour la France et l'Étranger, de la Compagnie de Fives-Lille, de la Société Métallurgique de Taganrog, de la Compagnie Française des Chemins de Fer de la Province de Santa-Fé, de la

Société Norvégienne de l'Azote et de Forces Hydro-Électriques.

« Enfin la banque a donné ou continué son concours à des sociétés dans lesquelles elle est intéressée en leur consentant des avances temporaires jusqu'au moment où elles pourront en opérer la consolidation. »

Vous voyez bien, nous objectera-t-on triomphalement, que la Banque de Paris prête quelquefois son concours aux sociétés françaises.

Halte-là ! Objection ne vaut et argument ne tient. Distinguons.

Lorsque la Banque de Paris fait claironner qu'elle a participé à l'Emprunt de l'Indo-Chine 3 1/2, aux émissions des Messageries Maritimes, du Nord-Sud, des Omnibus ou du Crédit Foncier de France, entendez qu'elle a consenti l'accès de ses guichets à des souscripteurs, bénévoles ou égarés, qui se sont adressés à elle comme ils se seraient adressés ailleurs ; elle a recueilli des souscriptions à titre de simple intermédiaire, elle a fait office d'agent de transmission entre le prêteur et l'emprunteur, sans omettre toutefois de prélever la commission d'usage. Rôle bien modeste et bien effacé, et combien différent du concours réel, primordial et considérable prêté aux syndicats internationaux visés aux chapitres II, III, et IV de cet ouvrage !

Donc, ruiné d'avance, sapé de fond en comble, le système de défense que voudraient opposer les intéressés ou leurs avocats. On lira dans un chapitre ultérieur les conditions dans lesquelles la Banque de Paris a prêté son concours à l'*Emprunt marocain 5 o|o 1910.*

*   *

Mais enfin, se diront les personnes les moins averties des choses de la finance internationale ou de la finance tout court, tant d'argent sorti du bas de laine national si congrument pressuré; a dû quelque part servir la cause de la France, nous revenir sous forme de commandes de la part des collectivités ou des États emprunteurs, nous valoir, malgré tout, quelques avantages économiques. C'est une autre voix que la nôtre qui va faire sombrer définitivement une telle illusion. Écoutez plutôt :

« La République Argentine, en 1909, avait besoin de 250 millions. Nous lui avons fourni cette somme; et, aussitôt, elle a passé un ordre de 120 millions aux États-Unis, de 10 à l'Allemagne. La France a eu, pour sa part, 8 millions !

« Le Brésil avait contracté, l'année précédente, un emprunt de 300 millions sur lesquels la France avait fourni 125 millions ; l'Angleterre pareille somme et l'Allemagne le reste, soit 50 millions. Moyennant quoi, le Brésil a commandé pour 190 millions à l'Angleterre et le reste à l'Allemagne. La France n'a rien obtenu.

« Ces exemples pourraient être multipliés en citant la Bulgarie, la Turquie, l'Espagne, etc...

« Il serait curieux de calculer ce que l'épargne française a apporté ainsi, indirectement, de commandes à Krupp ! »

De qui est ce langage ? D'où viennent ces précisions qui sont autant d'accusations ? Nous les avons recueillies dans *le Bulletin mensuel du Comité républicain du Commerce et de l'Industrie*, plus ordinairement désigné sous le nom de *Comité Mascuraud*. Le témoignage valait d'être enregistré.

S'il est arrivé à la Banque de Paris de s'intéresser à des entreprises coloniales françaises, il semble que l'enjeu de ses participations était d'ouvrir nos colonies aux Allemands là où ils n'étaient pas encore. Exemple : les entreprises créées dans l'Afrique du Nord, ayant leur siège rue d'Antin, comme les *Mines de Fedj-el-Adoum*.

*   *
*

La *Banque de Paris* semble mettre un soin vigilant à ne laisser échapper aucune occasion de manifester ses sentiments d'internationalisme forcené. Pérennité de mégalomanie cosmopolite singulièrement inquiétante ! Non satisfaite de soutenir les entreprises exotiques et pro-boches, elle étend sa constante protection aux émigrants judéo-boches qui, pouilleux et miteux, viennent travailler dans la finance à Paris. En veut-on la preuve ? La liste des commanditaires de la banque teutonne Hirschler et compagnie va nous la fournir :

Raphaël M. Kirchheim, 20 Kluebersh, Francfort-sur-le-Mein................·......... 600.000 fr.

Banque Impériale Royale Privilégiée des Pàys Autrichiens. Hohenstaufengasse, 3 et 5, à Vienne (Autriche), représentée par Ludwig-August Lòhnstein, directeur général, et Arnold Deutsch, directeur supplémentaire..................... 600.000 fr.

Barnato brothers, E. C. 10 et 11, Austin Friars, Londres....................... 500.000 fr.

Édouard Nœtzlin, 3, rue d'Antin.......... 250.000 fr.

Gebrueder S. et M. Reitzes, 5 Universitaetstr : Vienne (Autriche)............. 250.000 fr.

Crédit Algérien, 10, place Vendôme, représentée par M. Joanny Peytel............ 200.000 fr.

Salomon B. Joël, 10 et 11, Austin Friar Londres............................... 200.000 fr.

Léon Francq, 88, avenue Kléber.......... 150.000 fr.

L.-F. Dorizon, 48, rue Ampère............ 100.000 fr.

Baron Rudolph Hottinguer, 38, rue de Pro-. vence................................. 100.000 fr.

Jean Hottinguer, 38, rue de Provence...... 100.000 fr.

Paul Hottinguer, 38, rue de Provence..... 100.000 fr.

Albert Turettini, 3, rue d'Antin .... 100.000 fr.

Hans Schuschuy, 101, Obere Donaustr., Vienne (Autriche)..................... 100.000 fr.

Henri Hottinguer, 38, rue de Provence..... 50.000 fr.

Maurice Hottinguer, 38, rue de Provence.. 50.000 fr.

Robert Jameson, 38, rue de Provence..... 50.000 fr.

Génébrias de Fredaigues, 46, rue de Rennes. 50.000 fr.

Victor Carrier, 12, rue Carnot à Argenteuil. 50.000 fr.

Ici, la Banque de Paris ne figure pas en nom ; elle

est représentée par deux de ses administrateurs, MM. Nœtzlin et Turrettini, tous d'eux d'origine étrangère. On n'a pas oublié que c'est la banque Hirschler qui opéra la razzia de la *Brazil Railway* de compte à demi avec la Banque de Paris. Celle-ci tente une réorganisation de l'affaire qui, espère-t-elle, couvrira sa responsabilité. Complétons le tableau par ce détail : la Boche Hirschler, réfugié en Suisse depuis le mois de juillet 1914, est un de ces nombreux Teutons qui eurent la prévoyance de mettre à temps leur précieuse personne à l'abri du camp de concentration. Qui l'avait prévenu du danger et qui lui a facilité sa fuite ?

La scandaleuse affaire de la *Brazil Railway* est une création du groupe Legru, dont le chef fut autrefois condamné à deux ans de prison pour des emprunts forcés faits dans des caisses qui n'étaient pas la sienne ; le personnage fut réhabilité après avoir désintéressé toutes ses victimes. Il est aisé de se rendre compte qu'avec de tels patronages, la *Brazil Railway* ne pouvait être que ce qu'elle est : une vaste es... cobarderie qui a rapporté des milliards aux promoteurs et aux ingénieurs boches mêlés à l'affaire, dont l'histoire vaudra d'être contée un jour tout au long, dès que le temps nous en laissera le loisir.

*
* *

Veut-on jauger une fois de plus la capacité de la

Banque de Paris quand il s'agit de répondre à un appel de la France ?

En novembre 1915, le gouvernement de la Défense nationale, émettait notre premier emprunt de guerre dont le montant total des souscriptions atteignit 15 milliards.

Après la clôture de l'opération, tous les journaux ont enregistré le montant des souscriptions reçues par les principales banques françaises. Le tableau ci-après, va nous parler avec une éloquente concision :

Montant des souscriptions à l'Emprunt national, 5 o/o 1915, recueillies par les principales banques :

Banque de France	2.600.000.000 fr.
Caisse des Dépôts	2.000.000.000 fr.
Crédit Lyonnais	1.657.526.000 fr.
Banquiers de province	1.000.000.000 fr.
Agents de change de Paris	820.000.000 fr.
Comptoir National d'Escompte	800.000.000 fr.
Société Générale	700.000.000 fr.
Crédit Industriel	275.000.000 fr.
Centrale des Banques de province	263.000.000 fr.
Banque Nationale de Crédit	135.000.000 fr.
Crédit Foncier	100.000.000 fr.
Crédit Mobilier	100.000.000 fr.
Société Marseillaise	100.000.000 fr.
Banque de Paris	80.000.000 fr.

Banque Française..... ....   70.000.000 fr.
Syndicat de la Coulisse.............   70.000.000 fr.
Banque Privée.....................   50.000.000 fr.
Union parisienne...................   25.000.000 fr.
Etranger.........................   810.000.000 fr.

La Banque de Paris occupe le 14ᵉ rang, avec le chiffre dérisoire de 80 millions. Chiffre dérisoire, rapproché de celui de 90 millions avancés à la Bulgarie la veille de la mobilisation de 1914, de celui de 185 millions engloutis dans le *Chemin de fer de Rosario-Puerto-Belgrano*, de celui de 30 millions perdus à tout jamais dans la *Foncière du Mexique,* de celui de 15 millions de *Bons du Trésor Mexicain 1913*, de celui de 158 millions investis dans la *Norvégienne de l'Azote*, etc.

Le commentaire le plus approprié et le plus expressif qu'appelle le rapprochement des chiffres ci-dessus, nous l'avons trouvé sous la plume de M. Alfred Oulman. Appréciant le rôle de la Banque de Paris, le directeur du *Ruy-Blas* n'a pu s'empêcher de s'écrier : « Comme on voit bien que ces gens ne sont pas Français. »

CHAPITRE VII

Le scandale de la Foncière du Mexique. — Ruine
complète des porteurs. — Solennellement intro-
duite à 415 francs, artificiellement poussée à
450 francs, sous le patronage de la Banque de
Paris, l'action, du nominal de 250 francs cote 10
(dix) francs, cours de septembre 1916. — L'obligation de 500 francs 5 0/0 s'effondre de 490 à
80 francs. — Le délit de manœuvres détermi-
minées. — Articles 405 du Code pénal et 1382
du Code civil et leur application. — Opinion du
grand juriste Garraud, et commentaire de
M. Grandjean, substitut du Tribunal de la Seine,
dans son " Traité pratique du délit d'escroquerie
dans la société par actions ". — Responsabilité
des administrateurs et émetteurs de la Foncière
du Mexique, maintenant en liquidation.

Dans les débuts de 1910, la Banque de Paris
émettait sur notre marché, au prix de 415 francs,
5o.ooo actions de la *Société Foncière du Mexique*.
Les cours de ces actions, d'un nominal de 100 piastres
ou 257 francs, furent poussés jusqu'au niveau de

45o francs. La Foncière du Mexique, qui est aujour-d'hui en liquidation, était une affaire mort-née. Plus apte à lancer les affaires qu'à les étudier, la Banque de Paris ne pouvait cependant ignorer que l'affaire n'était pas viable.

En effet, dès 1911, exactement un an après l'introduction du titre à la Bourse de Paris, le bilan de la Foncière du Mexique accusait une perte de 98.235 piastres (la piastre vaut 2 fr. 57 au pair) et cependant une cotation de fantaisie était maintenue par les procédés classiques des «cours à la gomme», entre 3oo et 4oo francs. En 1912, la perte s'accentuait; elle atteignait 35o.ooo piastres pour le premier semestre seulement. A cette époque, la Banque de Paris faisait publier des notes inspirées parlant d'une réorganisation prochaine et engageant les actionnaires à conserver leurs titres. Ce fut la liquidation qui s'imposa.

La mise en scène habituelle n'a pas manqué au lancement de ce papier exotique. On fait apparaître de gros bénéfices dans les bilans ; on distribue de plantureux dividendes. De 1907 à 1909, l'action *Foncière du Mexique* répartit 25 fr. 70 et 21 fr. 82 en 1910. Mais à partir de 1911, dès que la totalité des actions est entre les mains des infortunés capitalistes français, on ne distribue plus rien ! Voilà de bien jolies méthodes de placement, n'est-il pas vrai ? La distribution de dividences confortables, précédant ou accompagnant l'émission du titre, c'est l'appât avec lequel on va capter la confiance des acheteurs. On s'en aidera pour pousser et soutenir les cours. Puis, le placement terminé, la vérité brutale apparaît : débâcle de l'affaire, déroute des cours et ruine des porteurs, auxquels il ne reste plus dans les mains qu'une vignette coloriée.

Il serait puéril de s'imaginer que tout le monde est perdant dans de tels coups de Bourse. Nous venons de le voir, le nominal de l'action *Foncière du Mexique* est de 100 piastres ou 257 francs ; on introduit le titre en Bourse au prix de 415 francs on le hisse à 450 francs, à la force du poignet, pour exciter l'enthousiasme des acheteurs. La différence entre 257 francs et 450 francs, qui représente 9 millions et demi de francs pour 50.000 actions, est-elle entrée dans les caisses de la Foncière du Mexique ? Nous posons la question aux promoteurs et aux émetteurs et nous prenons l'engagement de réimprimer une édition rectifiée de notre ouvrage pour enregistrer leur réponse.

En outre des 50.000 actions, furent également émises 50.000 obligations de 500 francs 5 o/o de la Foncière du Mexique, au prix moyen de 490 fr. ; leur cours est tombé à 80 francs (septembre 1916).

Pour excuser leur erreur, leur imprudence et leur impudence, les pontifes de la Banque de Paris n'ont pas manqué d'arguer de la situation troublée du Mexique. Cette excuse est leur propre condamnation. Quand on a les prétentions de la Banque de Paris, le premier soin, le plus élémentaire devoir, n'est-il pas de se préoccuper de la situation générale, tant économique que politique, des pays où l'on va chercher des affaires pour les revêtir d'une étiquette aussi pompeuse et d'une réclame aussi tapageuse ?

Parmi beaucoup d'autres, cette affaire est un réquisitoire accablant contre les gens de la Banque de la rue d'Antin, dont la responsabilité est indéniable.

Tous les actes délictueux relevant de l'article 405 du Code pénal et de l'article 1382 du Code civil s'y précisent avec netteté. Le public, victime d'exploitations dolosives, ignore trop quelles armes puissantes lui offrent les deux articles précités, avec leur souplesse et leur rôle à peu près universel. Dans un petit ouvrage concis, qui eut un succès retentissant au moment de son apparition en 1908 et qui jouit toujours d'une grande autorité, M. G. Grandjean, substitut au Tribunal de la Seine, a résumé de lumineuse façon la jurisprudence en matière de délit financier.

A la page 17 de cet ouvrage, dont le titre : *Etude pratique du délit d'escroquerie dans la Société financière*, est largement explicite, nous lisons ceci : « L'article 405 (du Code pénal) énumère les moyens frauduleux qui constitueront l'un des éléments de l'escroquerie. Ils sont au nombre de trois : 1° l'usage d'un faux nom ; 2° l'usage d'une fausse qualité ; 3° l'emploi de manœuvres frauduleuses déterminées. Comme le fait remarquer Garraud, dans son remarquable *Traité de droit pénal français*, il n'est pas nécessaire que la remise de fonds ou autres objets ait été cumulativement déterminée par l'emploi de ces trois moyens réunis ; il suffit que cette remise ait eu pour cause l'emploi d'un seul de ces moyens. C'est ainsi que la Cour suprême a jugé à diverses reprises (Cass., 5 mai 1820, 19 septembre 1844 ; *Bull. crim.*, 4 février 1858, 12 août 1887) ».

On peut donc hardiment relever contre la Banque de Paris le délit de manœuvres déterminées. Des cours fictifs, artificiellement maintenus, comme dans le cas de la *Foncière du Mexique* sont bel et bien des manœuvres déterminées telles que le précise le célèbre juriste Garraud.

Il n'est pas de juridiction, croyons-nous, civile ou pénale, qui n'accorderait légitime réparation aux actionnaires et obligataires de la *Foncière du Mexique*, dépouillés avec tant de cynisme.

On a crié haro sur Rochette. Aucune des épithètes les plus infamantes de la langue française ne lui a été ménagée. On a jugé sévèrement son œuvre ; on a jugé l'homme aussi, puisqu'on l'a condamné. Mais nous osons le demander : quelle différence existe-t-il entre certaines créations de Rochette et certaines affaires de la Banque de Paris ? Nous interrogeons hardiment le public impartial, les intermédiaires qui savent bien des choses et ceux-là même qui marchent sous la houlette de Turrettini. Qu'on ne commette pas la lâche perfidie de nous faire dire ce que nous n'écrivons pas. Il ne saurait entrer dans notre pensée l'idée d'établir un rapprochement entre Rochette, frappé d'une sentence judiciaire, et

des gens légalement exempts de tout soupçon offen-
sant. Nous n'entendons faire de comparaison
qu'entre certaines œuvres de l'un et certains actes
des autres, quant à leur conduite et à leurs résultats.
Nous n'ajouterons qu'un mot : Les gisements de
Kef-oum-Théboul en Algérie, affermés autrefois par
le *Syndicat Minier* de Rochette, sont devenus des
concessions de la puissante et honorable *Penarroya*. C'est l'histoire du Panama, qui a sombré ; c'est
l'histoire du Suez qui a réussi Réussir, tout est là.
Selon que vous serez puissant ou misérable... Voir
la suite dans *La Fontaine*, livre VII.

CHAPITRE VIII

Une autre erreur de la Banque de Paris et des
Pays-Bas: le Chemin de fer de Rosario-Puerto-
Belgrano, également en liquidation. — Liste des
souscripteurs originaires de la Société. — L'effondrement des titres : placée à 385 francs, l'action de 250 francs tombe à 35 francs et l'obligation, après avoir coté 484 francs, recule à 195 fr.
(cours de septembre 1916). — Erreurs techniques
aussi grossières et aussi flagrantes que les
erreurs financières. — Bénéfices de construction
pour les entrepreneurs, bénéfices d'émission
pour les financiers. — Le capitaliste français
solde les uns et les autres. — Une étrange apo-
logie insérée dans l'Almanach Hachette de 1914

Une autre création de la Banque de Paris, le *Chemin de fer de Rosario à Puerto-Belgrano*, ne le
cède en rien, ni comme étendue de désastre, ni comme
exemple d'impudence, à l'affaire dont nous venons
d'esquisser l'historique dans le chapitre précédent.

Mêmes procédés de cotation de fantaisie, mêmes
manœuvres boursières : l'action Rosario-Puerto

Belgrano, dont le pair est de 250 francs, fut négociée en Bourse à 385 francs ; à la faveur d'une hausse factice, les promoteurs se débarrassèrent avec un bénéfice appréciable, des actions souscrites par eux à la constitution de la Société ; puis, le coup de Bourse terminé, les cours s'émiettent insensiblement pour tomber jusqu'à 38 francs (cours de septembre 1916). Et par quoi peut se justifier une prime de 135 francs par titre sur une action qui n'a jamais réparti un centime de dividende ? Personne n'est mieux qualifié pour nous en informer que les souscripteurs-syndicataires d'origine dont nous avons relevé la liste au greffe du Tribunal de commerce de la Seine :

Liste des souscripteurs d'origine du Chemin de fer de Rosario à Puerto-Belgrano :

1 Saint-Albin (Henri de), publiciste...	100	actions
2 Stern et Cie, banquiers.............	10.285	—
3 Bemberg (O) et Cie.................	6.302	—
4 Larivière (Maurice)...............	1.028	—
5 Porgès (Théodore)................	771	—
6 Mœller (Paul)....................	257	—
7 Éphrussi (Jules).................	257	—
8 Éphrussi (Maurice)...............	257	—
9 Éphrussi (Ignace)................	257	—
10 Fould (Léon)....................	257	—
11 Biron (Guillaume, Marquis de).....	257	—
12 Strauss (Émile) avocat............	130	—
13 Stuers A. de) ministre des Pays-Bas.	128	—

14	Cornély (Jean), homme de lettre....	128	—
15	Legru (Hector)..	800	—
16	Banque de Paris et S. G............	18.040	—
18	Dutilleul (Ernest)..................	200	—
19	Gouin (Eugène)....................	400	—
20	Renouard (Jules)...................	400	—
21	Demachy et Sellière...............	400	—
22	Stern (A. G.) et Cie, banquiers.....	400	—
23	Bamberger (Henri)................	400	—
24	Bauer (Raphaël de)................	400	—
25	Bénac (André).....................	400	—
26	Camondo et Cie, banquiers........	400	—
27	Foy (Comte Fernand)...	400	—
28	Germiny (Comte Adrien de)........	400	—
29	Choppin de Janvry (Abel)..........	125	—
30	Dutilleul (Georges)................	125	—
31	Thors (Joseph-Henri)..............	356	—
32	Chevrant (Édouard)................	250	—
33	Dupasseur (Édonard)...............	180	—
34	Roquerbe (Gustave)................	50	—
35	Thenon (Georges)..................	90	—
36	Finaly (Horace)...................	90	—
37	Nivard (Paul).....................	100	—
38	Nœtzlin (Édouard)................	400	—
39	Chabert (Henri)...................	50	—
40	Chapuy (Paul).....................	100	—
41	Badarous (Abdon)..................	100	—
42	Van Rood (Édouard)..............	150	—
43	Tallon (Alfred)...................	100	—
44	Bénard (Adrien)......	500	—
45	Jarislowsky (Sigismond)..........	500	—
46	Bénard et Jarislowsky.............	7.887	—
47	Hersent (Jean)....................	2.171	—

48 Hersent (Georges).................   2.171   —
49 Polak (Charles), médecin..........   400   —
50 Barbet (Louis)....................   400   —

Une autre question se présente spontanément : combien de titres reste-il à l'heure actuelle (septembre 1916) entre les mains de chacun des souscripteurs ci-dessus ? Il y a gros à parier que ces messieurs marqueront peu d'empressement à faire des confidences sur ce point.

On remarquera que les actionnaires originaires du Chemin de fer de Rosario-Puerto-Belgrano se recrutent presque exclusivement parmi les administrateurs et les familiers de la Banque de Paris. Le cénacle des économistes éminents et distingués y est représenté en la personne du docte M. de Saint-Albin, directeur du *Pour et le Contre*. Le silence de ce qu'il est convenu d'appeler la grande presse financière, à l'endroit des potentats de la haute banque, a pu paraître souvent étrange. Un léger coin du voile se soulève ici sur le mystère, mais passons...

* *
*

Dans l'affaire du Chemin de Rosario-Puerto-Belgrano, les erreurs techniques ne sont ni moins flagrantes, ni moins grossières que les erreurs financières. Prenons une carte de la province de Buenos-Aires ; il suffira d'y jeter un coup d'œil pour constater que l'établissement de cette transversale de 800 kilomètres ne corrrespondait à aucun besoin.

La déconfiture de la Société l'a surabondamment prouvé. Des lignes nombreuses relient les régions agricoles de l'intérieur à Rosario et à Buenos-Aires, sur le Rio. L'engorgement passager qui pouvait se produire au moment d'une récolte très abondante et exceptionnelle ne justifiait pas le projet de création d'une ligne qu'aucun trafic ne pouvait alimenter en temps normal.

En effet, on ne pouvait avoir le moindre espoir de créer un mouvement sérieux entre Rosario, déjà point d'aboutissement d'un réseau ferré très complet, et Puerto-Belgrano, port à créer entièrement. Jamais l'on n'a vu un trafic réellement important s'établir d'un port à un autre port par l'intérieur des terres.

Il était bien plus absurde encore de s'imaginer que Puerto-Belgrano, avec un môle ridiculement réduit de 3oo mètres, pourrait détourner une part appréciable du trafic commercial accaparé par un port immense et bien outillé comme Buenos-Aires où converge un réseau de lignes fort bien compris. Plus absurde encore, était de s'imaginer que les voies ferrées existantes et Buenos-Aires lui-même se laisseraient concurrencer sans lutte.

Toutes ces objections, la première personne venue pouvaient se les faire. Les promoteurs de l'affaire eux-mêmes, financiers et techniciens avertis, se les sont faites, à n'en pas douter. Mais, pour eux, la voix de l'intérêt était plus forte que celle de la raison. Ils ont passé outre ; en dépit de tout et contre

tout, il fallait faire réaliser des bénéfices de construction à des entrepreneurs et des bénéfices d'émission à des financiers ; ceux-ci se coudoyant avec
ceux-là dans la liste des syndicataires comme dans
le conseil d'administration, qui était ainsi composé
à l'origine :

A. Bénard, président ; *Diégo di Alvear*, à Bue-
nos-Aires ; *A. Barbet*, directeur du Port de Rosario ;
O. Bemberg, banquier à Paris et à Buenos-Aires ;
P. Chapuy, ingénieur-conseil ; *Génébrias de Fré-
daigues* ; *E. Chevrant*, directeur de la Banque de
Paris ; *E. Gouin*, de la Société de Constructions des
Batignolles ; *G. Hersent*, ingénieur ; *S. Jarislowsky* ;
P. Nivard, administrateur de la Parisienne de Dis-
tribution d'Électricité.

En 1914, la composition du Conseil d'administration avait été ainsi modifiée : *R. Beaugey*, président ; *E. Chauvy*, vice-président ; *F.-W. Barrow*,
administrateur-délégué ; *A. Barbet, O. Bemberg,
P. Chapuy, P. Farquhar, Génébrias de Frédaigues,
G. Hersent, S. Jarislowsky,* administrateurs ;
C. Imhaus, secrétaire général ; *H.-G. Cabrett*, directeur général en Argentine ; *V. Carrier* et *H. Chabert*, commissaires des Comptes.

*
* *

Les conditions financières dans lesquelles s'est
constituée l'affaire, sont pareillement et hautement
critiquables.

Lors de la constitution de la Société, il avait été

prévu qu'il suffirait d'émettre 100 millions d'obligations, ce qui, avec le capital de 15 millions, faisait
un total de 115 millions. Or, le capital-obligations
s'élève à 137.500.000 francs et le capital-actions à
50 millions de francs, soit un total de 187.500.000 fr.
(*Cf.* Rapport présenté aux actionnaires le 10 février
1914, p.21). Les devis ont été dépassés de 72.500.000 fr. !
Et le bilan, arrêté le 30 juin 1913, accusait une insuf-
fisance et un déficit d'exploitation de 10.575.467 fr.
Une paille, quoi !

Contrairement aux principes les plus élémentaires d'une bonne politique financière, tout le poids
de l'entreprise était supporté par le capital-obligations. Et l'on est amené à demander aux fondateurs
de l'entreprise s'il est normal qu'ils aient cherché,
peu après la constitution de la Société, à réaliser
leurs actions avec une prime importante, précisément en se basant sur le fait que le petit nombre
d'actions existantes conférait à celles-ci une très
grande élasticité dans les dividendes ? Dividendes
que l'on attend toujours, puisque le coupon n° 1
reste imperturbablement attaché à l'action, que l'on
attendra longtemps, puisque la Société est en liquidation ! Enfin, poussant le cynisme jusque dans ses
derniers retranchements, la Banque émettrice responsable, créa des actions de priorité dont elle fut
le souscripteur, ce qui la fait la bénéficiaire de tout
relèvement éventuel ou de tout l'actif de l'affaire.
Quant aux droits des anciens actionnaires, on en
fit table rase.

Il serait superflu, on le voit, de pousser plus loin la démonstration pour établir que des entreprises comme le Chemin de fer de Rosario-Puerto-Belgrano ne sont que des contrats léonins des plus caractérisés, tous les avantages étant réservés à l'une des parties contractantes et tous les risques étant supportés par l'autre.

* * *

Dans l'édition 1914 de *l'Almanach Hachette* on lit cette audacieuse affirmation. « La signature de la Banque de Paris sur un prospectus est une garantie de succès et de sécurité. »

Il est très certain que M. Hachette, ni M. Fouret ne sont actionnaires de la Foncière du Mexique ou du Chemin de fer de Rosario à Puerto-Belgrano, pour tenir un tel langage. Ces grands éditeurs parisiens seront bien avisés d'être plus circonspects à l'avenir avant de couvrir de la respectabilité de leur nom une réclame aussi inconvenante qui prendrait un tout autre nom, si elle était renouvelée dans une forme aussi catégorique, en faveur de l'officine internationale de la rue d'Antin, dont les dirigeants effectifs, ne l'oublions jamais, sont des étrangers plus ou moins naturalisés.

CHAPITRE IX

Un troisième scandale : celui des Bons du Trésor mexicain 6 0/0 or 1915. — Le révolutionnaire Huerta a besoin d'argent pour entretenir la guerre civile au Mexique : la Banque de Paris lui en fournit en le demandant aux Français. — Une lettre de MM. J. de Lizardi et Alvarez Rul à MM. Pichon, ministre des Affaires étrangères et Dumont, ministre des Finances. — La Junta Constitutionalista de Mexico avertit que cet emprunt est illégal : la Banque de Paris passe outre. — Une nouvelle perte infligée à l'épargne française.

Tous les banquiers de France recevaient dans les premiers jours de mois de juin 1913 la circulaire suivante :

BANQUE

DE PARIS & DES PAYS-BAS

SOCIÉTÉ ANONYME

Capital : 100 Millions de francs

3, RUE D'ANTIN

Télégrammes : *Parisbas*
PARIS

Paris, le ...... juin 1913

Nous avons l'honneur de vous adresser, ci-inclus, le prospectus relatif à l'émission de :

142.500 BONS du TRÉSOR 6 0/0 1913 à 10 ans
du GOUVERNEMENT FÉDERAL MEXICAIN

Ces bons rapportent un intérêt annuel de Fr. 3o,3o payable par semestre les 1er janvier et 1er juillet de chaque année ; ils seront remboursables en totalité le 1er juillet 1923 au plus tard.

Toutefois, le Gouvernement Mexicain s'est réservé, à partir du 1er juillet 1916 la faculté de rembourser par anticipation tout ou partie de cet Emprunt.

Le Capital et les intérêts, payables en or, son exempts à tout jamais de toutes taxes et de tous les impôts mexicains existants et à venir.

Ainsi que l'énonce le prospectus, cet Emprunt bénéficie d'une garantie par affectation de 38 o/o du rendement total des droits d'Importation et d'Exportation.

La Souscription publique sera ouverte le Samedi 28 juin 1913 et close le même jour.

Le prix d'émission est fixé à :

97 o/o soit, Fr. 489.85 par BON de Fr. 5o5 (Jouissance 1er juillet 1913) payables : Fr. 100, en souscrivant.

Fr. 389.84 à la répartition du 3 au 5 juillet prochain.

Si vous disirez participer à cette émission, veuillez nous faire parvenir votre demande pour le 28 juin au plus tard, elle devra être accompagnée du montant du premier versement de Fr. 100, par titre souscrit.

Agréez, M.   , nos salutations distinguées.

BANQUE DE PARIS ET DES PAYS-BAS

Nous sommes en mesure de vous allouer une commission de Fr. 2,5o, par bon attribué.

* * *

Or, cet emprunt était illégal au premier chef. Aucun élément d'information ni de conviction ne fit défaut à la Banque de Paris pour l'avertir du danger et de l'immoralité de l'opération qu'elle présentait au public français. Mais, comme il s'agit pour elle de réaliser une affaire fructueuse, les avertissements les plus motivés pesèrent d'un poids léger sur sa décision, tellement léger, qu'elle s'en moqua comme de sa première émission et n'hésita pas à compromettre une fois de plus les intérêts des épargnants français.

Dès le mois de mai 1913, MM. Manuel J. de Lizardi, ancien ministre plénipotentiaire du Mexique au Brésil et Manuel Alvarez Rul, ancien attaché à la légation du Mexique à Paris, adressaient au nom du Comité constitutionnaliste mexicain à Paris, à M. Stephen Pichon, ministre des Affaires étrangères, et à M. Dumont, ministre des Finances, la lettre suivante :

Monsieur le Ministre,

Plusieurs grands journaux parisiens, ainsi que divers journaux des États-Unis, de Londres et de Mexico, ont annoncé qu'un groupe de banques françaises était sur le point de consentir un emprunt de 150 millions de piastres mexicaines au gouvernement du général Victoriano Huerta.

En conséquence, et au nom du chef du mouvement pour le rétablissement du regime constitutionnel dans les États-Unis du Mexique, nous croyons devoir vous faire respectueusement observer qu'une semblable opération ne saurait être reconnue par le gouvernement légal lors de sa restauration prochaine, et que les intérêts français pourraient supporter, de ce fait, dans l'avenir, un très grave préjudice, surtout si l'inscription de cet emprunt à la Cote officielle de la Bourse de Paris pouvait être autorisée.

En effet, non seulement le gouvernement actuel est illégal, puisqu'il a ses origines dans une trahi-

son et dans une révolte militaire qui a violé la Constitution de la République mexicaine dans son esprit comme dans sa forme, mais, d'autre part, son autorité est méconnue par la majeure partie du pays, ainsi que vous pourrez vous en rendre compte par la seule lecture des journaux arrivés à Paris par le dernier courrier.

Dans ces conditions, un gouvernement perd toute l'autorité d'un gouvernement de fait, et aucun de ses actes ne saurait, pour l'avenir, engager le pays.

Vous n'ignorez pas Monsieur le Ministre, que ni le gouvernement des États-Unis, ni un grand nombre d'autres gouvernements d'Europe et d'Amérique n'ont reconnu le gouvernement du général Huerta. Une telle situation le prive de toute autorité internationale et donne, par voie de conséquence, un caractère absolument aléatoire à toutes les opérations que les banquiers français pourraient conclure avec lui.

C'est pour ces motifs qu'au nom du Comité constitutionnaliste mexicain à Paris, et en vertu des ordres du général en chef de l'armée constitutionnaliste, M. Venustiano Carranza, nous avons l'honneur d'appeler votre attention sur la situation de la paix publique au Mexique avant de donner l'autorisation dont il s'agit.

Veuillez agréer, etc...

Ainsi dûment avertie, toute autre banque que celle présidée par les financiers d'origine étrangère

Turrettini-Thors-Finaly, se fût abstenue de placer en France un emprunt destiné au bandit Huerta afin d'entretenir au Mexique la guerre civile.

Les agents d'affaires de la rue d'Antin n'ont pas eu de tels scrupules. Mais qu'importait, en effet ?

La Banque de Paris n'encaissait-elle pas une fois de plus de grasses commissions au détriment de la France. Le but principal était atteint, que pouvait-on demander de plus ?

Cette affaire rappelle les incidents qui ont suivi, à l'époque de Maximilien, l'opération financière connue sous le nom d'emprunt Jecker. On se souvient, en effet, que le président Benito Juarez, se refusa à reconnaître cet emprunt et que les Bons émis à cette date et demeurés célèbres sous le nom de *petits bleus mexicains* n'ont jamais été remboursés.

Les Bons du Trésor Mexicain 1913, émis à 475 francs, n'ont plus aucune valeur marchande. Le gouvernement français en avait interdit la cotation. Le service des coupons et suspendu depuis 1913 ; intérêts et capital sont à vau-l'eau. Nouveau fleuron à la couronne de gloire dont s'auréole le haut personnel de la Banque de Paris.

France on te pille, réveille-toi !

* * *

Dans *l'Humanité* du 19 novembre 1912, M. Letailleur, alias Lysis, critique financier de belle allure, écrivait :

« La Banque de Paris vient de consentir une avance de 40 m'llions de francs au gouvernement bulgare à 5 1/2 o/o d'intérêt et à échéance de six mois ! Au point de vue moral, c'est une opération honteuse qui salit notre nom à l'étranger. Il faut le dire, parce que trop de bons citoyens l'ignorent. Au point de vue politique, le fait n'est pas moins grave... »

* * *

L'audace des métèques de la Banque de Paris franchit aisément toutes les limites d'une imagination féroce et perverse. C'est à peine croyable et cependant *le Journal officiel* a enregistré l'incident.

Au mois de mai 1916, alors que les Boches étaient encore à Noyon. que la France a besoin de toutes ses ressources pour lutter contre les barbares compatriotes des Bamberger et des Finaly, la Banque de Paris avait décidé d'envoyer 10 millions de notre or en Argentine (*Bons de Santa-Fé*). Déjà l'annonce de l'émission avait paru au *Bulletin annexe des annonces légales obligatoires*. Il a fallu l'intervention d'un député à la Chambre et toute l'énergie de M. Ribot, ministre des Finances, pour s'opposer à cette nouvelle évasion de capitaux français au profit de l'étranger. Le fracas du canon de Verdun ne parviendra décidément jamais à des oreilles obstinées à ne rien entendre.

CHAPITRE X

Le brigandage marocain. — A propos de l'Emprunt du Maroc 5 0/0 1910. — Le délit d'accaparement. — Assignée devant le Tribunal de la Seine, la Banque de Paris capitule et donne satisfaction au demandeur. — A propos d'une affaire analogue, M. Beaudoin, avocat général à la Cour de cassation, condamne sévèrement les procédés des brasseurs d'affaires, dans un vibrant réquisitoire du 28 janvier 1910.

Ce n'est pas nous qui avons composé la première ligne du titre de ce chapitre ; il a été imprimé en caractères impressionnants dans *l'Humanité* du 20 mars 1911. Voici dans quelles circonstances :

Le 17 mai 1910. intervenait entre le gouvernement chérifien et la Banque d'État du Maroc un contrat d'emprunt, avec l'autorisation des puissances signataires de l'acte d'Algésiras. Cet emprunt, représenté par 202.248 obligations de 500 francs 5 o/o était à répartir entre l'Allemagne, l'Espagne et la France, à celle-ci était réservée la plus grosse part. La tranche française de cet emprunt fut cédée par l'État marocain à un consortium, présidé par la *Banque de Paris*, qui prenait ferme les titres à 435 francs et se chargeait de les placer à 487 francs dans le public. La commission de placement était coquette déjà, on le voit, mais les usuriers de la finance internationale la jugeant insuffisante, résolurent de la doubler largement, de la manière qu'on va voir.

Les émetteurs firent répandre le bruit que l'emprunt était couvert plusieurs fois, et, dès le 30 mai, on refusait les souscriptions en alléguant qu'il n'y avait plus aucun titre disponible. Quand, le 7 juin 1910, date de l'émission, le public se présenta aux guichets des banques pour souscrire, on lui rit au nez en lui disant que la souscription était close avant d'avoir été ouverte.

La Banque de Paris estima qu'une émission faite au pair n'eût profité qu'au public et au gouvernement marocain ; elle n'y eut pas trouvé son compte. En accaparant les titres, son bénéfice atteignait plus de 15 millions.

Mais, si le 7 juin au matin, jour de l'émission de l'emprunt, le public ne pouvait pas souscrire un seul titre au prix de 487 francs, taux d'émission, il pouvait, par contre, à la Bourse de ce même jour, acheter au cours de 506 francs les obligations de l'Emprunt marocain, admises sans désemparer aux négociations de la Bourse par la Chambre syndicale des agents de change de Paris. Du coup, la Banque de Paris et ses co-participants, réalisait en un tour de main, un bénéfice de 71 francs sur 202.248 titres, l'emprunt lui ayant été concédé à 435 francs par obligation, comme on l'a vu plus haut.

Cette magnifique opération était préparée de longue date ; car,dès le mois de mars 1910,avant que l'emprunt ne fut officiellement conclu, le vide était déjà fait par le consortium émetteur. En effet, M. Lestre de Rey, banquier à Tanger, délégué par un groupe formé d'Européens et de Marocains de Tanger, voulant souscrire à l'emprunt, arriva à Paris en mars 1910. Malgré ses efforts auprès des banques émettrices, il ne put obtenir un seul titre. « Tout est déjà placé » lui répondit on invariablement.Et cela au mois de mars 1910, alors que l'emprunt n'était pas définitivement conclu et que l'émission ne devait avoir lieu que le 7 juin 1910.

La lettre qu'on va lire, émanant de la Banque de Paris même et datée d'une semaine avant l'émission suffira à elle seule à l'édification des incrédules ou des personnes qui nous accuseraient de parti pris :

BANQUE

DE PARIS & DES PAYS-BAS

SOCIÉTÉ ANONYME

CAPITAL : 100 MILLIONS DE FRANCS

— ◆ —

3, Rue d'Antin

— ◆ —

Paris, le 31 mai 1910

**Emprunt Marocain
de 1910 5 0/0**

Monsieur Morel, Paris.

Nous avons l'honneur de vous accuser réception de votre lettre du 30 courant et de vous informer qu'en raison du nombre considérable des demandes qui nous sont déjà parvenues et du chiffre très restreint dont nous disposions, il ne nous est pas possible, à notre grand regret, d'inscrire votre demande relativement à l'émission du présent emprunt.

Les demandes ont en effet atteint des proportions demesurées, alors que nous n'avions à placer qu'un chiffre très limité, la tranche française se partageant entre douze établissements.

Nous regrettons, dans ces conditions, de ne pouvoir inscrire votre souscription.

Agréez, etc.

A la suite de cette lettre, M. Jules Morel intenta un procès aux accapareurs, mais ceux-ci, redoutant les débats du prétoire, n'osèrent affronter le grand jour d'une audience publique. L'avocat du plaignant était Me Gauniche. A l'appel de l'affaire, M. le président du tribunal, s'adressant à l'avocat des émetteurs, s'écria : « Vous n'allez pas laisser plaider un tel procès... » De fait, il ne fut pas plaidé. La Banque de Paris capitula, elle admit la souscription qu'elle avait d'abord refusée et donna pleine satistion au citoyen français qu'elle voulait léser mais qui eut le rare courage de protester.

* * *

Les procédés des brasseurs d'affaires, genre de la Banque de Paris, ont depuis longtemps soulevé l'indignation de tous les honnêtes gens. Un de nos plus hauts magistrats, M. Beaudouin, procureur général à la Cour de cassation, les appréciait ainsi, dans un réquisitoire du 28 janvier 1910, à propos d'une affaire analogue à celle de l'Emprunt marocain 5 o/o 1910 :

« En effet, messieurs, autrefois, — il y a de cela dix ou quinze ans — quand il s'agissait d'émettre sur le Marché français des valeurs françaises ou étrangères, elles étaient présentées au public, sous forme de souscription publique. Ce mode avait le très grand avantage de permettre librement la discussion du prix fixé pour l'émission. Il avait en outre l'avantage de donner à tout le monde la faculté de souscrire dans des conditions d'égalité absolues.

« Aujourd'hui les émissions de valeurs étrangères ne se font plus comme cela, elles se font sous le manteau de la cheminée. Les titres sont pris ferme à un état étranger ou à une société étrangère, grâce à l'argent des dépôts accumulés dans les établissements de crédit, et c'est ainsi que leur clientèle, attirée par les mirages qu'ont fait miroiter devant ses yeux, se laisse gorger de ces valeurs.

« Il n'y a point de discussion de prix, tout est écoulé dans la clientèle de ces établissements et le Marché ignore l'opération...

« Je le déclare nettement en ce qui me concerne, si notre arrêt doit avoir pour conséquence, je ne dis pas de mettre fin, mais du moins de mettre obstacle dans une large mesure aux émissions ainsi pratiquées, ce sera un bienfait de plus qui en résultera... »

* * *

Plaçons ici un épisode bien caractéristique. En 1910, le gouvernement français s'oppose à l'admission à la cote d'un emprunt turc qui devait servir à solder des commandes allemandes — comme toujours — et, à la suite de cette interdiction du marché français, le gouvernement turc se trouve dans la nécessité de négocier son émission en Allemagne. Or, voici quelques extraits de la presse du moment qu'il suffira de placer, sans commentaires, sous les yeux de nos lecteurs, pour les édifier sur le rôle anti-patriotique de la *Banque de Paris et des Pays-Bas* en cette occasion, comme en beaucoup d'autres.

« Etant donné la situation financière de l'Allemagne actuellement, il est probable que les Banques allemandes ont l'espoir de pouvoir écouler l'emprunt turc en France par l'intermédiaire de banquiers interposés » (*Le Matin*, 24 sept. 1910).

« Seulement il nous faudra veiller à ce que, suivant une détestable pratique à laquelle il importe de mettre un terme, l'épargne française ne serve point indirectement à couvrir un emprunt refusé directement à Paris » (*Les Débats*, 24 sept. 1910).

« Maintenant, il faut s'attendre, nous en avons déjà plusieurs fois prévenu nos lecteurs, à des tentatives de placement clandestin de l'emprunt turc à Paris » (*Les Débats*, 24 octobre 1910).

« *On s'attend à ce que sir Ernest Cassel* [Allemand naturalisé Anglais] *prenne certains arrangements qui permetteraient à des groupes financiers français, avec lesquels il est en relations, tels que la Société Générale et la* BANQUE DE PARIS, *de participer à la transaction* » (*Frankfurter Zeitung*, 21 sept. 1910).

« Au point de vue des banques, les Bons du Trésor 5 1/2 o/o ottomans présentent un grand attrait, même pour les *établissements français qui regardent plus au gain qu'aux mérites de la politique française au Bosphore et qui sont en relations d'affaires avec leurs* AMIS ALLEMANDS » (*Frankfurter Zeitung*, 9 nov. 1910).

« On nous assure qu'*un grand établissement de notre place envoie à une banque allemande,par l'intermédiaire de sa succursale de Bruxelles,des capi-*

taux destinés à être employés en avances au gou-vernement turc » (*L'Information*, 8 nov. 1910).

« *La Gazette de Francfort* peut-être satisfaite, puisque, comme nous l'avons dit avant-hier, l'un au moins de nos grands établissements a suivi par avance le conseil qu'elle formule » (*L'Information*, 10 nov. 1910) (1).

Tout le monde sait que les extraits qui précèdent désignaient nettement la *Banque de Paris*.

1. Lysis, *les Capitalistes français contre la France*, p. 101 et suiv.

CHAPITRE XI

L'art et la manière de préparer et exécuter les coups de Bourse. — La Banque de Paris s'en fait une habile spécialité. — Le coup de la sonde Moréni. — L'histoire d'un pugilat en Bourse à propos de la Norvégienne de l'Azote. — Manœuvres spéculatives sur notre Rente 3 0/0 en 1912. — Une rafle de 100 millions. — Les aubains, les métèques et le boche Rosenberg contre notre fonds national. — La thèse de doctorat de M. Henry Collas, avocat, sur l'œuvre et la manœuvre de la Banque de Paris.

Pendant les années qui précédèrent la guerre de 1914, la spéculation avait pris à la Bourse de Paris toute l'ampleur d'un vaste bonneteau. Les meneurs étaient toujours gagnants et le public français toujours perdant, selon l'invariable formule que nous avons déjà signalée. Les cours étaient truqués, maquillés, triturés. Tout était sophistiqué sous le souffle impur d'une bande de métèques et de faiseurs étrangers. On sait que la contre-partie, qui a tant contribué à ruiner notre Marché, était un article d'importation allemande. Nous reviendrons d'ailleurs sur cette question des Étrangers à la Bourse de Paris.

Dans les chapitres consacrés à la *Foncière du Mexique*, au *Chémin de fer de Rosario-Puerto-Belgrano*, à l'*Emprunt du Maroc 5 o/o 1910*, on a vu que les potentats de la Banque de Paris étaient, depuis longtemps, passés maîtres ès-sciences dans l'art des coups de Bourse audacieux. Rappelons quelques autres de ces épisodes bien caractéristiques.

Empruntons d'abord celui-ci à M Étienne Bernard qui écrivait le 7 septembre 1913 : « Vendredi dernier, la Banque de Paris qui contrôle le Marché de la *Colombia* faisait publier une information d'après laquelle la sonde Moreni s'était brusquement ensablée ; cette information laissait entendre en outre que les travaux de remise en état seraient longs. Les cours fléchissaient brusquement de 3oo francs et l'on s'étonnait de constater que les ventes du bon public trouvaient une ardente contre-partie dans de gros achats émanant de personnalités bien renseignées. Ces achats s'accentuaient le samedi.

« Le lundi, ils s'expliquaient : le bruit courait en effet que la sonde Moreni avait rejailli aussi brusquement qu'elle s'était ensablée. Le mardi matin seulement, le public était mis officiellement au courant de cette bonne nouvelle et l'on n'apprenait pas sans stupeur que la dépêche annonçant le rejaillissement de la sonde était parvenue à la Banque de Paris le vendredi soir.

« On condamne sévèrement de pauvres bougres

de bonneteurs. Mais le bonneteau boursier, tel que l'entendent certains grands financiers, est autorisé, sinon protégé. *Selon que vous serez puissant ou misérable...*

« Décidément la lutte devient chaque jour plus difficile pour les aigrefins vulgaires, puisque les grands établissements leur empruntent leurs procédés et les utilisent avec un succès d'autant plus grand que leurs moyens d'action sont plus importants... »

.* .

Pour donner une idée des proportions scandaleuses qu'ont prises trop souvent les manipulations boursières de la Banque de Paris, relatons un incident qui fit un grand bruit en son temps.

Ce scandale se place en décembre 1913. Il fut motivé par les cours de fantaisie qu'entendait faire coter sur les actions de la *Norvégienne de l'Azote* le représentant en Bourse de la Banque de Paris. Ce représentant était naturellement un étranger, il portait le nom très euphonique de Rhein. Plusieurs journaux ont dit à l'époque que cet individu était proche parent du chef de la maison Rhein de Hambourg, faisant l'exportation en Argentine et qui fit faillite en laissant un passif de 2 millions de marks. Cette parenté n'a pas été désavouée, que nous sachions. Or donc, cet aubain, mécontent de l'opposition que faisait un habitué de la Bourse à la cotation de cours maquillés, se livra à un brutal pugilat contre son contradicteur. La victime de l'agression était M. Maurice Raphaël, représentant en Bourse d'une autre maison de banque. Disons que de pareilles scènes se sont renouvelées plus d'une fois pour les mêmes motifs et par le même sire. Telles sont les mœurs qui régnaient à la Bourse de Paris quelques mois avant la grande guerre de 1914.

***

Nul n'ignore qu'en avril 1912, la Banque de Paris tenta une opération à la hausse sur notre Rente 3 o/o. Le coup ne réussit pas. Mais au mois de juillet suivant l'opération fut menée avec un plus grand succès. Tous les journaux commentèrent le fait, chacun à son point de vue. En moins de cinquante jours, le cours de notre Rente perpétuelle fut porté de 85 francs à 92 francs, grâce à des manipulations scandaleuses, qui firent tomber 100 millions dans la poche d'habiles agioteurs. Naturellement ce fut encore le public français qui fit tous les frais de ces fructueuses spéculations dont les larges profits allèrent à un syndicat politico-financier.

Autant chaque citoyen français doit être heureux de la bonne tenue des cours de la Rente que l'on considère à juste raison comme le baromètre du Marché financier, autant doit-il s'en indigner lorsque cette hausse, au lieu d'être le résultat normal, régulier et légal des achats de capitalistes et de spéculateurs, est l'œuvre malsaine d'un pacte fait entre agioteurs politico-financiers dans le but exclusif, avéré et indéniable, de rafler une centaine de millions à leur seul et unique profit.

On vit alors ce spectacle sans précédent d'une banque faisant acheter de la Rente à terme à des cours toujours supérieurs de quelques centimes à ceux que l'on offrait, faussant ainsi la loi de l'offre et de la demande, en payant au vendeur un prix plus élevé que le prix demandé. On joua enfin la cynique comédie de servir les intérêts de la France — que l'on dépouillait — en ayant l'air de faire monter la Rente dans un but patriotique. Tartuffes ! ignobles tartuffes !

Tous ces faits — les tripotages de la Rente — sont du domaine de l'histoire. La relation que nous en faisons n'est pas le produit de notre imagination. Si l'on pouvait nous adresser un reproche, ce serait celui d'en faire un récit trop terne, trop atténué, obligé que nous sommes de ne pas mettre en cause ouvertement et trop brutalement des personnalités momentanément protégées par l'Union sacrée.

*
*   *

Dans son numéro du vendredi 12 septembre 1913, première page, colonne 6, — soyons précis — *l'Humanité* elle-même, sans doute tuyautée par son collaborateur, Albert Thomas, exposa tout au long les transactions et les collusions qui intervinrent.

L'article était expressivement intitulé : *Comment on fait monter la Rente*.

Le nom de M. Charles Dumont, alors ministre des Finances, fut mêlé à ces fâcheux incidents, en même temps que celui de M. Albert Thomas, député socialiste unifié.

. *

Dans *le Ruy Blas* du 6 décembre 1913, M. Alfred Oulman, de son côté, écrivait : « Il y eut aussi M. Charles Dumont...

« En vingt-quatre heures il avait retourné sa veste pour entrer dans la combinaison Barthou et, là, cet ancien professeur de philosophie se montra à la fois un déplorable financier et un politicien dépourvu de scrupules.

« Passons sur ses projets d'impôts souvent abracadabrants. C'est le propre des grands argentiers d'en proposer au petit bonheur. Celui-là n'a point fait exception. Mais ses erreurs dans la présentation du budget 1914 ? Et son extraordinaire parti pris d'arrêter toutes transactions tandis qu'il préparait le projet d'emprunt !

« Passons aussi sur certaines missions — d'affaires — en Serbie dont jusqu'à ce jour aucun ministre de la République n'aurait voulu même entendre parler.

« Formellement accusé, le ministre ne voulut — ou ne put — se disculper, pas plus qu'il ne put démentir certaines combinaisons sur la Rente, dénoncées de la façon la plus claire et la plus énergique par la presse indépendante.

« D'ailleurs, — n'est-ce pas un aveu ? — alors qu'on l'accusait d'avoir échafaudé ces combinaisons avec la *Banque de Paris*, c'est de préférence à tant de financiers français, M. Turrettini, sujet suisse, directeur de cette banque cosmopolite, que M. Dumont, reconnaissant, choisit pour une nomination d'officier de la Légion d'honneur. »

* *

Ces mouvements désordonnés de notre 3 o/o déchaînèrent un débordement d'appétits inavouables.

Aux interviews sensationnelles et débordantes d'un lyrisme naïf du successeur de Colbert, devaient faire suite une série de notes réfrigérantes habilement insérées dans la presse quotidienne. On faisait dire aux bulletiniers financiers, dans le courant de septembre 1912 : « La Rente, violentée par les uns et par les autres, retombera aux dessous du niveau d'avant juillet. »

C'était l'amorce de la campagne de baisse qui allait commencer contre notre malheureuse Rente. C'était le prélude du jeu de bascule dans lequel il y a beaucoup de petits perdants et quelques gros gagnants.

Le Boche Rosenberg, avec l'appui des contre-partistes les plus notoires et d'agents d'affaires les plus véreux, devait mener la sarabande contre notre fonds national. C'était l'attaque brusquée contre notre marché qui devait préluder à l'attaque armée des hordes barbares de von Klück.

On se souvient des libelles infâmes et anonymes qui furent répandus à profusion pour jeter la panique à la Bourse et dans le public. Des misérables, soudoyés par les ennemis de la France, commirent le plus odieux attentat contre notre malheureux pays et ne réussirent que trop leur vilain coup.

De telles manœuvres auraient dû appeler des sanctions, pour l'avenir du Marché de Paris et dans l'intérêt du crédit de la France. On aurait pu croire, on eut souhaité qu'un parlementaire, soucieux de notre prestige national, monterait à la tribune pour dénoncer le scandale, dévoiler le péril et réclamer des mesures de répression. Il n'en fut rien.

A la lumière des faits, pouvons-nous du moins espérer que désormais la Bourse de Paris sera à l'abri de pareils attentats de la finance cosmopolite, comme la France sera protégée à tout jamais contre les crimes des soudards teutons.

* * *

Il existe une brochure de 220 pages « *La Banque de Paris et des Pays-Bas et les Émissions d'emprunts publics et privés* » C'est la thèse de doctorat-Sciences politiques, soutenue par M. Henry Collas, avocat, devant la Faculté de Dijon en 1908. On y trouve d'excellentes choses pleinement concordantes avec ce que nous venons de consigner dans ce chapitre. « La Banque de Paris, lit-on page 137, en introduisant directement ou indirectement des valeurs étrangères sur le Marché français, a fait subir aux cours de ces valeurs de *grandes majorations*, (souligné dans le texte) dont le public français a fait les frais ». A la page 129, M. Collas écrit : « En résumé, la Banque de Paris, maîtresse du Marché à terme, peut, à l'aide des reports et avances, facilement soutenir les cours des valeurs qu'elle émet, quand bien même, à peine émises, elle se trouveraient sans marché par suite d'une crise ». Et l'honorable avocat conclut, page 215 : « En résumé, l'intervention de l'État paraît indispensable, car il s'agit de la masse ignorante des petits épargnants, dont les banques peuvent trop à leur gré diriger les disponibilités. C'est l'éducation du public qui est entièrement à faire, c'est l'esprit d'entreprise qu'il faut encourager... » Ceci était écrit, ne l'oublions pas, en 1908 ; et l'auteur ignorait, sans nul doute, les multiples échafaudages cosmopolites de la tour de Babel siégant rue d'Antin. Que dirait aujourd'hui M. Henry Collas !

CHAPITRE XII

Sous le souffle impur de l'étranger, la correction professionnelle disparaît de la Bourse. — Les écumeurs et l'intervention de M. Gérald, député. — Tout naturalisé est suspect. — Ce qu'en écrivaient Bossuet, Victor Hugo, Renan dans le passé ; ce qu'en disent Mᵉ Moro-Giafféri, Pierre Baudin dans le présent. — La loi Delbrück et les espions boches. — La pénible histoire de M. Pognon, administrateur de l'Agence Havas. — Un Boche reste toujours boche : arrêts de la Cour de Rennes et de Caen. — La question juive et la question des aubains. — Propos inconcevables du rabbin Alfred Lévy, réplique cinglante du publiciste Alfred Oulman. — Le méprisable Max Nordau. — Une citation de M. Bernard Lazare. — Les commanditaires de Lucien Baumann. — Le danger des Boches naturalisés chez les neutres. — Les Coulissiers et les financiers judéo-boches. — Les Séquestres dénoncent leurs étroites alliances, dans de nombreux cas. —

Interdites aux femmes françaises, les portes de la Bourse s'ouvrent toutes larges pour une juive allemande. — Revenons à notre sujet principal : les ouvriers de la Banque de Paris.

Pour rendre hommage au beau caractère du ministre de Louis XVIII, Wellington disait. « La parole du duc de Richelieu vaut un traité. »

Autrefois — ces temps sont loin — on pouvait dire de nos Boursiers : « La parole d'un banquier français vaut un contrat ». Ces traditions de haute moralité qui présidaient à toutes les transactions en Bourse ont peu à peu disparu, pour faire place aux mœurs les plus déplorables. L'influence méphitique des écumeurs cosmopolites avait tout corrompu, tout gangréné.

Au mois de janvier 1914. M. Géo. Gérald, député de la Charente, adressait au ministre des Finances une question écrite, relative aux mesures qu'il comptait prendre pour éviter le retour d'incidents semblables à ceux qui ont marqué la liquidation du 15 décembre, incidents qui montrèrent le Marché français exposé à toutes les manœuvres des financiers étrangers.

Interrogé à cette occasion, par un journaliste, M. Géo. Gérald avait fait les déclarations suivantes : « Je n'ai pas manqué d'être frappé d'abord du fait que, depuis quelques années, l'épargne française est atteinte de coups de plus en plus nombreux ; et ensuite de l'accroissement du nombre des étrangers travaillant sur notre place. Aujourd'hui, la grosse majorité des strapontins en Bourse est occupée par des étrangers.

« On ne voit semblable chose qu'en France. Dans tous les autres pays, le Marché national appartient aux nationaux. Et notre marché, à nous, appartient aux étrangers. C'est inadmissible.

« D'autre part, on signale l'existence d'une bande noire, composée d'étrangers, qui constitue un danger permanent pour notre place. Si les résultats de l'enquête que je poursuis à ce sujet le comportent, je n'hésiterai pas à porter la question à la Chambre, par voie d'interpellation. »

Si ce beau zèle n'a pas été suivi des sanctions qu'appelait un état de choses aussi inquiétant, il avait du moins le mérite de signaler et de confirmer un danger particulièrement redoutable, dénoncé en vain par quelques publicistes courageux.

La situation qui frappait M. Géo Gérald en janvier 1914, était le résultat d'une œuvre lente et persévérante entreprise par les Allemands au lendemain de 1870. Les naturalisations, trop faciles et trop nombreuses, avaient livré notre Marché financier à une bande internationale de rastas, d'aigrefins, d'écumeurs, de métèques, d'étrangers bigarrés, à une tourbe cosmopolite qui a failli étrangler la France. Cette emprise sur une des forces vitales de notre pays, faisait partie du plan général d'avant-guerre. A maintes reprises, nous en avons signalé le danger.

En 1911, nous adressions la circulaire suivante aux banquiers des départements : «... Depuis des années, des financiers sans vergogne, en majorité venus de tous les coins de l'univers, détroussent littéralement les capitalistes et les petits épargnants de nos villes et de nos campagnes. Jusqu'en nos bourgades les plus reculées, la bande noire des faiseurs implantés dans la capitale, met en coupe réglée les économies de nos nationaux. Les marchands de vignettes cosmopolites, les chevaliers de l'acheté-vendu, les inventeurs du contrat direct et des comptes courants ont porté la plus grave atteinte à l'industrie bancaire des départements.

« Hypnotisé par des réclames mensongères, par des prospectus mirifiques, par des circulaires pleines de promesses qu'il reçoit de Paris, le capitaliste a déserté la banque locale, il a acheté des papiers sans valeur, il a placé son argent à fonds perdus, il a pris au sérieux des combinaisons louches qui l'ont ruiné, et quelquefois déshonoré, il a confié ses économies à des Lepère, à des Holden, à des Iskender, et à tant d'autres qui ont levé le pied ou échoué en prison, quand n'est pas survenue simplement la sombre faillite. D'autres gredins rôdent encore autour de la Bourse, à la recherche de nouvelles victimes.

« Il vous appartient à vous, banquiers des départements, de faire cesser un tel état de choses ; il faut que l'épargnant de nos provinces reprenne le chemin de vos guichets désertés, comme l'ouvrier

doit retourner au sillon de la glèbe. Il faut reconqué-
rir cette clientèle qui est légitimement vôtre... »

* * *

La question des naturalisés, des naturalisés austro-boches surtout, est l'une de celles qui menacent
le plus directement notre patrimoine national : la
santé de l'esprit français, la gloire de notre passé,
les traditions les plus pures, et la fierté de la race.

L'étranger est un intrus, et il en est du corps social
comme de tous les organismes. Un organisme sain
élimine tous les déchets et n'emprunte au dehors,
pour les assimiler, que les éléments propres à
entretenir et enrichir sa vie. Quand l'organisme
n'est plus capable de remplir cette fonction, c'est
qu'il est bien malade. C'est de ce mal dont souffrait
la France, c'est ce mal qui a failli l'emporter ; c'est
de ce mal qu'il faut la guérir et la garantir définitivement.

« L'amour de la patrie n'est pas naturel au citoyen
venu du dehors », a dit Bossuet. Si le précepteur du
Dauphin, par sa qualité même d'illustre prélat, pouvait paraître suspect au regard de quelques esprits
avancés, nous découvrirons sans effort le même sentiment national chez des auteurs et des écrivains
plus modernes, dont les idées n'ont jamais passé
pour être rétrogrades.

Voici, tout d'abord, l'opinion du plus grand génie

qui ait honoré et illustré la France. Victor Hugo, écrivait le 22 juin 1878 à un député :

« Ce sont des immigrés indésirables (*les Allemands naturalisés*) qui ne pourront jamais dépouiller leur origine ; c'est la vase d'une vase, le purin d'un purin ; c'est l'espion d'hier, d'aujourd'hui, de demain, de toujours. Les Français de sang pur de tout mélange, qui frayeront avec eux et leur serviront de pavillon, couvriront une marchandise avariée qui ne tardera pas à les gangrener, le stigmate de la honte s'imprimera à jamais sur leur front.

« Les bons Français devront se détourner de ces êtres amorphes quand il les rencontreront ; les protecteurs de cette race maudite, si jamais il en existe, devront être considérés comme ayant une pièce de cent sous à la place du cœur, seul l'intérêt pécuniaire pouvant les faire agir. »

L'une des gloires du barreau français, M. de Moro-Giafferi, s'exprime ainsi sur le compte des individus qui renient leur patrie :

« J'ai toujours, quant à moi, admiré qu'un homme se fasse naturaliser. Qu'un homme puisse brusquement passer d'une patrie à une autre, même quand elles sont indifférentes, cela m'a paru toujours singulièrement suspect ; que dans certains cas exceptionnels un homme que le hasard des lois fait « national » d'un pays lointain, mais qui a toujours connu un autre pays, qui en a reçu la culture, qui en a en quelque sorte sucé la moelle et bu le sang, qui a été formé par lui ; que quelque Américain né en France de parents américains installés depuis longtemps en France, n'ayant jamais franchi l'Atlantique, se dise que sa véritable patrie, c'est celle où ses yeux se sont ouverts, où son intelligence a été illuminée de tous les rayonnements d'une civilisation, cela à la rigueur je veux bien l'admettre encore, bien que ce soient des choses qu'on admette pour les autres, mais pas pour soi-même ; mais qu'un uhlan, un Prussien qui à fait le commerce en Prusse, soldat en Prusse, qui a juré fidélité à la Prusse, à qui on a appris jusqu'à trente ans des chansons exaltant les victoires allemandes et les massacres des Français, les choses abominables que nous entendons chanter jusque dans notre Alsace par les soldats allemands, lorsque nous les rencontrons à Metz ou à Strasbourg, — que cet homme vienne proclamer que, touché par la grâce, — la grâce de son intérêt, — il devient Français, il partage nos haines et qu'il est prêt à brandir un sabre français pour marcher contre le drapeau qu'il avait servi, je ne veux pas l'admettre. *C'est un homme suspect.* »

C'est hier, M. Pierre Baudin, ancien ministre qui écrivait dans *le Figaro* : « Dans tout commerçant allemand installé en France, il y a l'étoffe d'un espion. »

« Une nation, a dit Renan, est une âme, un principe spirituel. Deux choses qui, à vrai dire, n'en font qu'une, constituent cette âme, ce principe spirituel. L'une, est *dans le passé*, l'autre dans le présent. L'une est la *possession en commun* d'un riche legs de souvenirs ; l'autre est le consentement actuel, le désir de vivre ensemble, la volonté de continuer à faire valoir l'héritage qu'on a reçu indivis. L'homme ne s'improvise pas. *La nation comme l'individu, est l'aboutissant du long passé d'efforts, de sacrifices et de dévouements.* »

« Chose curieuse, écrit l'abbé Wetterlé, il est possible, en Allemagne, d'acquérir plusieurs nationalités et de les conserver simultanément. Un Bavarois peut se faire naturaliser Prussien. Il devra même le faire, s'il veut entrer dans l'administration prussienne. Ce fut le cas du prince de Hohenlohe, quand il devint chancelier et président du conseil à Berlin. Il y a des Allemands qui collectionnent les nationalités. J'en ai connu un qui n'en possédait pas moins d'une douzaine et qui avait encore trouvé le moyen, sans renoncer à sa qualité de citoyen multiple de l'empire, de se faire naturaliser en Suisse.

« On sait, en effet, que les Allemands qui acquièrent une nationalité étrangère ne perdent pas nécessairement la leur pour si peu. Comme certains doutes pouvaient encore exister à ce sujet, la loi Delbruck, votée l'an dernier, par le Reichstag, les a complètement écartés. Il suffit que l'Allemand, naturalisé Français, Suisse, Anglais, Américain, fasse une déclaration discrète au consulat de son pays d'origine pour qu'il garde tous les droits et privilèges, comme aussi toutes les obligations d'un citoyen de l'empire.

« La naturalisation n'est donc souvent, de sa part, qu'un acte de fourberie, que la loi allemande couvre et encourage, pour mieux lui permettre d'exercer l'espionnage dans l'État assez naïf pour lui offrir une généreuse hospitalité. »

L'organe le plus modéré et le plus influent de la haute bourgeoisie française, *Le Temps*, a écrit en termes excellents :

« N'oublions jamais que l'Allemand naturalisé que nous avons chez nous, devant nous, ne perd jamais sa mentalité d'origine, que cet Allemand n'est pas venu en France pour l'amour ou la sympathie que lui inspire notre pays, mais dans un esprit de lucre ou pour se faire conférer des grades ou des honneurs de nature à rehausser son prestige en Allemagne, où il a conservé une famille et entretient des connivences.

« Tout Allemand venu s'établir chez les autres espionne comme il respire, et certes, ce n'est pas la naturalisation française qui a pu modifier son instinct et son éducation. Depuis quarante ans, admis dans nos associations, dans notre société, à notre table même, il n'a pensé qu'à vendre à son pays nos confidences et l'aveu de nos faiblesses.

« Or, regardons autour de nous, ici à Paris, à la tête des grandes sociétés et d'importants services : des Allemands naturalisés remplissent des fonctions qui ne devraient appartenir qu'à des Français. Avons-nous donc besoin d'aller en Allemagne ou en Autriche chercher des directeurs de banque ou d'industrie? Nos grandes écoles ne fournissent-elles pas, chaque année, une pépinière de jeunes gens remarquables dans toutes les branches de l'activité financière, industrielle et commerciale?

« Il faut que l'opinion française s'habitue dorénavant à exercer un contrôle sur la gestion de nos grandes entreprises, qu'elle en exige l'épuration au point de vue des nationalités, qu'elle y réserve aux seuls Français les places qui leur sont dues, parce qu'ils les méritent. »

Plus succinctement et avec beaucoup plus d'énergie, *La Libre Parole* a traduit ainsi l'opinion de tous les Français. « Tout Boche naturalisé, tout Boche nanti d'un permis de séjour est un espion comme il serait bossu ; il est Allemand comme il a l'accent ; il moucharde comme il pue, sans savoir, par vice de constitution. »

On enregistrera et on retiendra avec soin cet aveu de l'escroc teuton Geissler, de l'Hôtel Astoria. Quand le juge d'instruction lui reprochait ses manœuvres d'espionnage, il répondit :

« Si j'avais voulu faire de l'espionnage comme tous mes autres compatriotes, j'aurais acquis la nationalité française, pour me faciliter la besogne. » Aveu dénué d'artifice qui nous fixe sur cette vérité que nous connaissions depuis longtemps : des Austro-Boches et Turco-Boches se font naturaliser pour mieux trahir la France.

A la réception des délégués de la Conférence internationale, en avril 1916, M. Poincaré, président de

la République, s'est écrié, apostrophant les Boches
et leurs complices : « Bandes d'espions stipendiés
qui sillonnez le globe et cherchez à semer partout
la corruption... »

* * *

La loi Delbrück, autorisant les Allemands à
emprunter la nationalité française sans perdre leur
nationalité propre, nous a éclairés sur la sincérité
de ces adoptions commandées par le seul intérêt du
moment.

Combien de ces étrangers se sont fait naturaliser
par ordre, uniquement pour poursuivre pendant
les hostilités l'espionnage qu'ils pratiquaient dès le
temps de paix ?

Combien de ces faux Français ont pris les armes
contre nous au premier appel de leur gouvernement ?

On a relevé cette mention dans la liste des maisons austro-allemandes placées sous séquestre :
« X..., naturalisé français en 1902, a rejoint son
régiment allemand à la déclaration de guerre. » Combien sont-ils de centaines, combien sont-ils de milliers dans le même cas ? Il faudra donc, de toute
nécessité, que la législation nouvelle sur les naturalisations, ait un effet rétroactif, qu'elle crée une
catégorie de stagiaires, d'expectants parmis ceux
dont nous avions fait si inconsidérément des Français. A ce point de vue, le Portugal nous a donné

une jolie leçon : il a décidé d'expulser tous les Austro-Boches qui ne sont pas naturalisés depuis au moins trois générations.

Ne serait-ce pas profaner l'amour de la Patrie que de reconnaître la qualité de patriote à l'Austro-Boche ? Nous ne reconnaissons aucun patriotisme français aux Allemands naturalisés qui ne sont venus chez nous que pour y faire leur fortune. Delbrück l'a dit le premier : « Celui qui a été Germain une fois, ne cesse plus jamais de l'être. »

Les éternels jobards qui viennent encore nous dire : « Mais un tel est naturalisé depuis si longtemps » feront bien de méditer les deux ou trois faits suivants qui ne sont pas, hélas ! des cas isolés. D'abord cette information publiée par *l'Action Française* : « Dans une localité du Nord, que je ne puis désigner — mais dont je tiens le nom à la disposition des incrédules — les Allemands, dès leur arrivée, font appeler MM. A. et B., industriels, parents d'un de nos amis. Quelle n'est pas la surprise de MM. A. et B., en reconnaissant, dans le commandant qui les mande avec cette brutalité, un contremaître de leur usine, parti la veille de la mobilisation, à leur service depuis vingt-huit ans *et naturalisé depuis vingt-cinq ans!* »

Et la navrante histoire de M. Pognon, administrateur de *l'Agence Havas*, mariant sa fille à un homme qu'il croyait parfaitement honorable, citoyen suisse, ami de la France, l'homme vivant pendant des années dans l'intimité de son beau-père, ami lui-même et confident des plus hauts personnages de la République, et qui racontait tout ce qu'il savait devant son gendre. Puis, au mois de juillet 1914, la fuite du gendre, parti «pour un voyage d'affaires », et qui n'est jamais revenu, la découverte de la nationalité véritable du Suisse, qui n'était qu'un bon Boche et qui n'avait épousé la fille d'un personnage important que pour mieux s'employer à l'espionnage allemand. Le pauvre M. Pognon en est mort de chagrin. Mais rien n'effacera le mal que l'espionnage de son gendre a fait à la France. Avons-nous tort de répéter : Tout naturalisé est un suspect.

Entre mille et mille faits analogues, ceux-ci sont significatifs. La patrouille qui entra le 25 août 1914, à Fives-Mont-de-Terre, petite commune des environs de Lille, était commandée par un officier réserviste, ancien garçon boucher à Lille, parti de cette ville au moment de la mobilisation.

A Orchies, près de Lille, le sous-officier allemand qui commandait le détachement chargé de réquisitionner les automobiles de la fabrique de chicorée dirigée par M. Leroux était un ancien employé de *la Société des Téléphones de Lille*. Il connaissait exactement le nombre et les emplacements des voitures à réquisitionner.

La patrouille qui entra, le 6 septembre 1914, à Bernes, commune de Seine-et-Oise, comprenait un sous-officier réserviste, ancien employé de la maison Félix-Potin à Paris, devenu propriétaire, à Parmain-l'Isle-Adam, d'un magasin d'épicerie qu'il tenait au

moment de la guerre ; rayonnant de là, avec sa voiture, dans toute la région, il en connaissait admirablement la topographie et les habitants.

*
* *

Admirez cette belle krapulerie d'un espion boche,
naturalisé, résidant à Marseille, qui a comparu
devant le conseil de guerre de la 15e région le
11 septembre 1916 : Henri Gatzer, natif du grand-
duché du Hesse vint se fixer à Marseille et, après
buelques années de séjour, obtint sa naturalisation.
Entrepositaire d'eaux minérales, rue de la Darse, 5,
il développa ses relations commerciales. Il avait, ses
grandes et petites entrées au consulat d'Allemagne.
Il maria ses deux filles; l'aînée à un médecin allemand
et la cadette à un Suisse, agent commercial. Le président fait remarquer qu'en mars 1904 et juillet 1905,
Gatzer expédia au Maroc 42 colis d'armes de
guerre. Outre la détention d'armes, Gatzer a entretenu des relations d'ordre économique avec un
nommé Andreas Saxlehner, de Budapest, et a
exploité pour le compte de ce sujet ennemi la
source d'eau minérale purgative Richemont de Cruzy
(Hérault).

Nous prétendons au surplus que, fussent-ils ani-
més des meilleurs sentiments — ce qui est toujours
contestable — les sujets austro-boches naturalisés
ne sont pas des Français comme nous, que jamais ils
ne pourront être affranchis d'une suspicion légitime

et qu'enfin ces individus ne sont nullement utiles au bonheur de la France. Trève donc de sentimentalité. D'instinct, tous les naturalisés, qui ont renié leur première patrie, sont tout disposés à trahir la seconde. Ils sont venus chez nous pour faire des affaires à notre détriment ou pour échapper aux obligations militaires de leurs pays d'origine. Quelques-uns proclament bruyamment qu'ils ont un fils sous nos drapeaux, non dans l'armée combattante, mais dans des postes à l'abri des balles. Et si le fils fait son devoir, il le fait pour son compte, son père reste allemand, autrichien, bulgare ou turc. Ni les uns ni les autres ne sont français comme nous. C'est une tourbe malsaine, une champignonnière infectée capable de nous gangrener encore.

* * *

Les Germains, qui restent chez nous, ont l'audace de vouloir nous interdire de les qualifier de leur nom de Boches ou d'Allemands naturalisés. Les tribunaux ont fait justice de leurs grotesques prétentions ; deux arrêts de la Cour de Rennes et de la Cour de Caen ont rivé leur clou à ces indésirables.

Le journal *Le Progrès de Dives-sur-Mer* avait mené campagne contre un certain Jules Ruthenberg, allemand naturalisé français. Au cours de cette campagne, notre confrère qualifia de « Boche » le sieur Ruthenberg qui lui intenta un procès.

L'affaire est venue devant la Cour de Caen qui

a rendu un arrêt dont nous détachons ces deux attendus :

« Attendu qu'à une heure où, sous la protection de notre nationalité acquise dans la seule intention de servir la patrie allemande, nombre d'espions trahissent à son profit celle qui leur a généreusement ouvert ses portes, on ne saurait voir une intention de nuire à l'individu, mais le souci de la Défense nationale, dans le fait par un journaliste d'appeler l'attention sur la présence d'un ancien Allemand à proximité d'une usine de munitions.

« Attendu que la campagne ainsi entreprise a pu causer à Ruthenberg d'appréciables ennuis, il n'a qu'à s'en prendre à la duplicité de sa nation d'origine qui, seule au monde, a permis à ses nationaux d'acquérir une naturalisation étrangère, tout en demeurant Allemands, uniquement dans le but de combattre la seconde patrie, au profit de la plus grande Allemagne. » Le mot « Boche », appliqué à un Allemand, même naturalisé, n'est donc pas une injure.

Après la Cour de Caen, la Cour de Rennes a proclamé la méfiance que méritent les naturalisations d'Allemands. L'affaire qui lui était soumise en présentait un exemple typique, antérieur à la loi Delbrück.

Vers 1845, le poète wurtembergeois, Georges Herwegh, auteur de la célèbre pièce pangermaniste *La Flotte Allemande*, se faisait naturaliser Suisse. Il n'en restait pas moins un agitateur allemand

et, en 1848, dirigeait la délégation allemande
auprès du gouvernement provisoire de l'Hôtel de
Ville. Il organisait l'insurrection badoise et mourait
en 1875 dans un faubourg de Bade. Son petit-fils,
naturalisé français en 1884 et directeur des Forges
d'Hennebont, poursuivait pour dénonciation calom-
nieuse M. Jacques Giband, vice-président du conseil général du Morbihan, président de la Chambre
de commerce de Lorient. Il se plaignait d'avoir été
traité d'Allemand naturalisé, la Cour a répondu :

*Que l'on ne saurait reprocher à Giband d'avoir
écrit que c'est un Allemand, mais un Allemand
naturalisé, alors qu'en réalité il est né d'un Suisse,
fils lui-même d'un Allemand, et que l'on sait le peu
de sincérité que la loi allemande attribue à la naturalisation de ses nationaux.*

Quant aux propos alarmistes et aux sursis injus-
tifiés reprochés à l'industriel naturalisé et que l'autorité militaire avait écartés, du point de vue pénal
et disciplinaire, la Cour, liée par cette décision, a proclamé que la bonne foi de M. Giband était certaine,
alors que le bénéfice du doute eût suffit à l'acquitte-
ment et elle a condamné M. Herwegh à tous les
dépens. M. Herwegh, partie civile, était assisté de
M· Guérin, ancien garde des Sceaux ; M. Giband
était défendu par M° de Roux.

* * *

Quoique l'on veuille s'en défendre, quelque effort qu'on fasse pour s'y soustraire, par cette question des métèques et des aubains, on est inflexiblement entraîné vers la question juive, question complexe, multiple, délicate, épineuse, s'il en fut.

Si les deux questions s'enchevêtrent indissolublement, c'est que, sur cent naturalisés, il y a quatre-vingt-quinze Juifs. Voilà le fait.

En abordant cette question, nous nous garderons bien de condamner en bloc toute une classe de nos semblables. Il n'y a pas de pire injustice que de faire peser sur une collectivité tout entière les erreurs ou les méfaits d'une fraction de cette collectivité, cette fraction fût-elle une majorité. Il y a des Israélites honnêtes, bons citoyens et bons patriotes, qui ont servi et défendu la France, qui sont tombés au champ d'honneur, au même titre que tous les Français, et qui ont droit au même hommage d'admiration et de gratitude que tous les fils de la grande famille française. Mais à côté de ces israélites, dont les idées confessionnelles sont aussi respectables que celles du catholique, du protestant ou du mahométan, il y a le Juif qui reste juif avant d'être Français, Anglais, Russe, Italien; il y a le youtre, le métèque, l'aubain sans nationalité définie, qui jette un fâcheux renom sur Israël tout entier. C'est de ceux-ci qu'il faut se défendre. S'ils ne veulent pas comprendre, il appartient à leurs coreligionnaires plus éclairés de leur faire entendre raison.

Dans le journal *La Vérité*, de New-York, M. Anoutine, correspondant parisien de l'organe yankee, publiait le 4 mai 1916, une interview de M. Alfred Lévy, grand-rabbin de France, qui se terminait par cette déclaration : « *Kol israël haverim* » tous les Juifs sont amis ; au moment propice nous prendrons la défense énergiquement du peuple juif... » Vers cette même date, ce même grand-rabbin osait écrire au rabbin d'Alger : « Allez visiter nos frères allemands prisonniers en Algérie. » Il ne s'est trouvé en France qu'un seul israélite, celui-là bien français avant d'être israélite, patriote sincère, esprit courageusement affranchi des traditions ancestrales et rétrogrades du Talmud, pour s'élever avec force contre un langage si parfaitement odieux, contre une attitude aussi inconvenante : c'est M. Alfred Oulman qui eut le rare courage de répondre vertement : « Eh bien ! non, Monsieur le grand-rabbin, les Boches, fussent-ils juifs, ne peuvent pas être les frères de vrais Français » (Cf. *Ruy Blas*, 6 juin 1915, p. 6). Quel vacarme n'eût-on pas entendu, si l'archevêque de Paris avait écrit à l'évêque d'Alger : « Allez visiter nos frères bavarois prisonniers. » Il faut espérer qu'à la lueur terrifiante des torches allemandes qui brûlèrent vifs le rabbin de Lunéville et sa fille âgée de seize ans, M. le rabbin-chef, Lévy Alfred, calmera son enthousiasme pour ses « frères judéo boches » ; il devra songer un peu à la France, qui le nourrit, avant de s'occuper des juifs allemands qui pillent, violent. Ce serait une calamité, qu'après cette horrible guerre de 1914, la Juiverie cosmopolite persistât dans son esprit séparatiste et de désagrégation à l'égard des nations qui ont recueilli ses adeptes : œuvre de division à laquelle fait écho l'attitude du rabbin Alfred Lévy, à laquelle fait suite le programme du congrès juif tenu à Philadelphie, aux États-Unis, le 26 mars 1916, sous la présidence de M. Georges Hugo Pam. Nous supplierions, si nous avions quelque autorité, ces fanatiques aveugles d'épargner à la France de nouvelles agitations, dont ne bénéficie qu'une tourbe malsaine. « Je me hâte de crier avec vous ni guerre de race, ni guerre de religion ! Mais que MM. les Youpins commencent ». (Gustave Téry, cité par Urbain Gohier dans *La Terreur juive*, 1907).

* *

La Libre Parole avait relevé, au mois de mai 1915, dans un quelconque *Univers Israélite*, cette note effarante : « Les Juifs résidant à Paris, réunis en congrès, ont affirmé vouloir persister dans leur idéal bimillénaire, au retour du peuple juif dans le pays des ancêtres. »

C'était l'écho du Congrès de Philadelphie. Justement indigné, *le Ruy-Blas* bondit sous la nouvelle injure faite à des citoyens français :

« Quest-ce que c'est que ça : *les Juifs résidant à Paris ?* Quels sont les Juifs qui se sont réunis sous ce titre ? Au nom de qui ont-ils parlé ? Qui les a autorisés à généraliser un désir qui leur est personnel ? Quelle combinaison boche y a-t-il encore là-dessous ?

« S'il y a des *Juifs résidant à Paris* qui ne sont pas français et, sans doute pour cela, ne s'y plaisent plus, qu'ils retournent chez eux : personne ne les en empêche, et il n'est besoin pour cela ni de réunions, ni de proclamations solennelles, de vœux ou d'aspirations !

« S'il y a des *Juifs résidant à Paris*, nés en France, mais qui n'aiment pas la France, qu'ils décampent ! Et bon voyage ! Mais qu'ils ne se permettent pas, — parce qu'il pourrait leur en cuire, parce que nombre de leurs coreligionnaires ne sont pas disposés à le tolérer, — qu'ils ne s'avisent pas de parler au nom de ceux dont ils n'ont pas reçu mandat. Car en voilà assez. »

* * *

M. André Beaunier a exécuté de main de maître un intellectuel juif allemand :

« Ce Max Nordau est un Juif allemand qui fit quelque bruit chez nous, et dont le nom venait à chaque instant sous la plume des rédacteurs des journaux doctrinaires d'Israël. Le mouvement sioniste l'avait mis en vedette, en avait fait une sorte de personnage dans ce pays qui n'avait plus d'yeux et d'oreilles que pour la pacotille d'importation. Il était, en outre, à Paris, le correspondant de *la Gazette de Voos*, de Berlin, et de *la Neue Freie*

Presse, le journal juif de Vienne. A la déclaration de guerre, il aurait dû être coffré ; il reconnaît aujourd'hui l'inexplicable indulgence dont il a bénéficié en calomniant la France à propos de ces camps de concentration dont le séjour lui a été épargné. Il reconnaît la large hospitalité qui lui a été accordée ici en bavant sur la France de Saint-Sébastien où il s'est réfugié, roquet levant la patte sur l'écuelle vide.

« Nordau travaillait ainsi chez nous à déshonorer notre pays. Il était un agent très actif de la Pangermanie. Ses livres ont largement répandu le mépris de la France ; et, en France même, ils entretenaient une espèce d'humilité honteuse. L'on se demande ce qui est le plus extraordinaire, l'audace de Nordau ou la patience des Français qui avaient accueilli ce Boche et le comblaient de prévenances. Il nous payait en monnaie de Boche. Les quelques écrivains qui, voyant clair dans sa manigance, le dénonçaient à l'attention publique, on ne les croyait pas. Nordau était prospère. Le voici penaud, une victime de la guerre, un vieux sacripant désormais sans ouvrage. Il a perdu sa place. On ne le verra plus à Paris. C'est un débarras. »

M. Albert Monniot, dans *la Libre Parole* du 4 septembre 1916, achève le portrait du triste sire :

« Un vilain mufle », commente *Le Matin*. Mais non, confrère : un Juif, tout simplement. Et c'est la seule chose que vous n'ayez pas dite.

On se rappelle que le Juif boche Grumbach, cor-

respondant parisien de journaux socialistes allemands, fit chez nous une ardente campagne contre
la loi de trois ans. Au cours des périodes électorales,
il prit la parole, à Paris, dans plusieurs réunions, et
termina ses discours violemment antimilitaristes par
le cri de : Vive l'Allemagne ! Qu'est devenu Grumbach ? Herr Grumbach est à présent sous-officier
dans un bataillon de chasseurs du Mecklembourg.
Et c'est en dirigeant le feu de sa demi-section sur
ses anciens auditeurs de Ménilmontant ou de Grenelle qu'il continue à crier : Vive l'Allemagne !

*
*

Une dépêche du 16 août 1916, de Genève, porte
textuellement : « Le Comité sioniste de Berlin a
décidé qu'après la guerre, il établirait des colonies
juives le long du chemin de fer de Bagdad en Asie-
Mineure, en Syrie et en Mésopotamie. A l'occasion
du don d'un train sanitaire fait par les Juifs de
Berlin au gouvernement turc, on a eu l'impression
que le gouvernement ottoman accueillerait favorablement cette proposition. »

Dans *l'Agence Polonaise* du 25 août 1915, on
lisait : « Lorsque les Allemands sont entrés à Varsovie, seuls les Juifs se sont empressés de manifester leur joie par des acclamations et ont salué respectueusement le duc de Bavière. » Et si les Boches
étaient entrés dans Paris, combien y en aurait-il eu
de Baumann, de Rosenberg, de Treyfus, de Gans,

de Geissler et autres métèques pour accueillir avec enthousiasme von Kluck et sa horde barbare ?

* * *

La question juive est une question de religion, a-t-on souvent répété dans les milieux de synagogues. Un vrai Juif, incontestablement qualifié pour parler au nom du judaïsme, M. Bernard Lazare, après avoir fait dédaigneusement justice des questions de querelle confessionnelle, a écrit très hardiment et très nettement :

« Si nous avons été en butte à la haine de toutes les nations, c'est parce que nous sommes *insociables*. Devant l'unanimité des manifestations antisémites, écrivait-il, il est difficile d'admettre — comme on a été trop porté à le faire — qu'elles furent simplement dues à une guerre de religion, et il ne faudrait pas voir dans les luttes contre les Juifs, la lutte de la Trinité contre Jéhovah. Les peuples polythéistes, comme les peuples chrétiens, ont combattu non pas la doctrine du Dieu Un, mais le Juif.

« Quelles vertus ou quels vices valurent au Juif cette universelle inimitié ? Pourquoi fut-il tour à tour et également maltraité et haï par les Alexandrins et par les Persans et par les Arabes, par les Turcs et par les nations chrétiennes ? *Parce que partout, et, jusqu'à nos jours, le Juif fut un être insociable.* »

M. Bernard Lazare, qui est un israélite loyal

et brave, véritable artisan de la revision de l'affaire Dreyfus, ce dont il fut médiocrement récompensé, semble vouloir donner en méditation à ces coreligionnaires exotiques cette pensée de Pascal : « On se corrige quelquefois mieux par la vue du vice que par l'exemple de la vertu. »

* * *

On nous dit encore : c'est une légende que les Juifs s'entr'aident et se soutiennent. La légende serait de croire le contraire. On n'a pas oublié ce détail pittoresque qui fit le tour de la presse financière. Un jour, se présente chez le banquier Juif boche Alfred Gans, un employé sollicitant une place. Le candidat est intelligent, travailleur et muni des meilleures références. On lui demande s'il est Allemand. Sur sa réponse négative, le Teuton Gans questionne : « Est-il Juif, au moins ? » Nouvelle réponse négative. « Dans ces conditions, rien à faire chez nous » conclut le banquier. Ceci n'est pas une boutade, c'est un fait authentique.

En juillet 1916, se crée la Société nouvelle des Entreprises d'hôtels (ex-Société suisse de l'hôtel des Anglais Rhul de Nice) avec le seul concours de MM. *David-Charles-Altschueler* (à vos souhaits !), négociant, demeurant à Paris, 54, rue Lafayette ; *Maurice Frank*, rentier, demeurant à Paris, rue de Provence, 69 ; *Emmanuel Polak*, joaillier, rue de la Paix, 16, à Paris ; *Jean-Jacques Bloch*, employé de banque, 8, rue Saint-Senoch, à Paris ; *Adolphe Granswig*, négociant, 23, rue Chauchat, Paris ; *Hugo Kramer*, négociant, 22, rue Lafayette, Paris ; *Paul Fuselier*, fondé de pouvoirs, 157, rue du Faubourg-Saint-Honoré, Paris.

Au mois d'août 1916, se constituait la Société des *Grands Moulins Réunis* par les soins du Juif Lucien Baumann. Voici la liste des actionnaires originaires de cette entreprise.

Noms et prénoms des souscripteurs de la Société des Grands Moulins Réunis

Schotsmans (Georges), minotier à Auvers (S.-et-O.), 4, rue Schmitz	1.000.000 fr.
Boussac (André), minot., Paris, 226, avenue du Maine	250.000 fr.
Heurteux (Louis-Blaise), minot., Paris, 3, rue des Cévennes	250.000 fr.
Lévy (Benjamin), indust., Paris, 33, rue Daru	500.000 fr.
Wormser (Nephte), négoc., Paris, 29, avenue Hoche	150.000 fr.
Huny (Emile-Robert), nég., Paris, 8, avenue du Parc-Monceau	150.000 fr.
Loevy (Georges), négoc., Paris, 1, boulevard Magenta	100.000 fr.
Lévy et Gensburger, négoc., Paris, 14, rue Coquillère	100.000 fr.
E.-J.-A. Goldschmidt, Paris, 27, rue Jean-Jacques-Rousseau	100.000 fr.

Kahn (Henry), rentier, Paris, Hôtel Majes-
tic. . . . .   100.000 fr.
Goldstuck (Henri), négoc., Paris, 5, ave-
nue Matignon. . . . .   100.000 fr.
Desouches (Guillaume), anc. av., Paris,
6, rue Yvon-de-Villarceau. . . . .   100.000 fr.
Hubscher (Henri), négoc., villa Belle-Om-
bre, à Sainte Marguerite (Marseille). . . .   100.000 fr.
Sichel (Alphonse), propriétaire, Paris, 27,
avenue Kléber. . . . .   100.000 fr.
Mille (Arthur), industriel, Paris, 22, rue
Condorcet. . . . .   50.000 fr.
Goldberg (Sam), négoc., au Hâvre, 28, rue
J.-B. Eyrie. . . . .   50.000 fr.
Kohn (Alexandre), propriétaire, Paris, 19,
rue des Pyramides. . . . .   50.000 fr.
Potter (Sydney), ingénieur, Paris, 22. rue
de Douai. . . . .   50.000 fr.
Stehelin (Fernand), industriel, Paris, 48,
faubourg Poissonnière. . . . .   25.000 fr.
Weil Silvain, négoc. en farines, Paris, 8,
rue Scipion. . . . .   25.000 fr.
Regnault (Henri), industriel, Paris, 11, rue
d'Astorg·. . . . .   10.000 fr.
Stoffel (Auguste), rentier, à Nancy, rue de
la Ravinelle. . . . .   10.000 fr.
Kahn (Paul-James), commissionnaire, Pa-
ris, 27, rue Drouot. . . . .   10.000 fr.
Pohl (Lucien-Léopold), négoc., Paris, 4,
rue d'Hauteville. . . . .   10.000 fr.
Lévy (Fernand), court. en gr., Neuilly-sur-
Seine, 18, avenue de Neuilly. . . . .   25.000 fr.

Weil (Camille), négoc., en farines, Paris, 175, faubourg Poissonnière............ 5.000 fr.

Barrère (Edouard), rentier, Paris, 5, avenue Mozart............................. 50.000 fr.

Meyer (Fernand), propriétaire, Paris, 60, rue Saint-Lazare..................... 25.000 fr.

Brueder (Victor), ingénieur civil, Paris, 115, faubourg Poissonnière............ 400.000 fr.

Sabatier (Alfred), industriel, Paris, 50, boulevard de Courcelles............... 10.000 fr.

Kahn (Charles), industriel, Paris, 152, avenue Victor-Hugo...................... 10.000 fr.

Houtard (Jules), négoc., Paris, 10, avenue Ch.-Floquet, et à Anzin.............. 25.000 fr.

Abenheimer (Charles), industriel, Paris, 65, rue Demours...................... 5.000 fr.

Racine (Louis), minot., à Marseille, 32, rue Breteuil......................... 300.000 fr.

Bonabeau (Albert), propriétaire, Paris, 11, boulevard Delessert................ 200.000 fr.

Baumann (Lucien), minotier, à Paris, 19, avenue d'Antin....................... 2.575.000 fr.

Total..................... 7.000.000 fr.

Ces exemples, qu'on pourrait multiplier des milliers de fois, démontrent évidemment que les Juifs ne s'entendent pas !

*
* *

Il y a dès maintenant un autre danger à signaler : c'est celui des Boches naturalisés dans les pays neutres. On sait, par exemple, qu'en Suisse, des cantons se sont fait une industrie prospère qui consiste à naturaliser Suisses contre argent comptant, toutes les fripouilles boches émigrées là-bas, qui nous reviendront comme citoyens suisses après la guerre, dès que l'obligation du passe-port sera supprimée.

Mais ce n'est pas une raison pour lâcher le balai.

Les Boches qui reviendront après la guerre comme Suisses, Danois, Suédois, Américains, Chiliens, Persans ou Patagons se heurteront, ici, exactement aux mêmes triques que s'ils étaient restés Boches tout court.

La naturalisation faite en vertu de la loi française et des décrets français n'est plus prise au sérieux par l'opinion qui se demande comment un texte peut faire que du sang français coulera dans des veines où coulait du sang boche. Ce n'est pas pour que l'opinion française prenne au sérieux une naturalisation faite par un canton helvétique, qui aura permis, contre argent, à un Boche de venir s'affirmer Suisse en France.

M. Jean Drault, dans un style si vibrant et avec une âme si ardente, a justement écrit : « Un de ces contrebandiers suédois, hollandais, danois, qui ont ravitaillé l'Allemagne, pourrait, dès que cela lui chanterait, devenir Français sur papier timbré ? Il aurait le droit de récolter à travers le monde le tribut d'admiration alors qu'il contribuait à faire

tuer un plus grand nombre de ces héros, en nourris-
sant l'Allemagne ? On en reparlera !

« Quant aux aubains, il est inadmissible qu'ils continuent à s'enrichir en France, en faisant concur-
rence aux Français, dont le commerce est « fermé
pour cause de mobilisation », sans avoir à payer
une taxe formidable.

« Les Français ne se battent pas exclusivement
pour conserver les biens et protéger les intérêts des
étrangers installés en France. Je suppose que le
gouvernement est de mon avis. Seulement, je vois
bien le clou qui est dans son soulier.

« Sur cent naturalisés, sur cent aubains, il y a
quatre-vingt-dix-neuf Juifs, et il faut que ceux-là
aient le droit de bénéficier des nationalités successives dont leur commerce ou leurs avatars ont
besoin. Cela les gêne d'autant moins que leur seule
nationalité réelle est la Judée, nationalité facile à
transporter, même en voyage, et qui est fixée, au
surplus, dans chaque synagogue, dans chaque famille
juive, dans beaucoup de langues et dans quelques
ministères. »

Le principe en vertu duquel il faut obvier à la
pénurie des naissances par l'introduction en France
de tous les étrangers qui daignent accepter d'être
Français, a fait son temps. Il nous coûte cher. Il
a failli tuer la France trahie par 3oo.ooo Austro-
Boches naturalisés et 3oo.ooo aubains, également
austro-boches. Notre premier devoir, à nous Français, est de maintenir notre race saine physique-

ment et moralement, et de développer notre empire colonial ; avec ces deux éléments bien coordonnés, nous serons les maîtres du monde.

Au sujet des indésirables de tout acabit qui sont un danger permanent pour notre sécurité et notre dignité, M. Joseph Denais, député de Paris, écrit fort justement en décembre 1915 :

« A Paris, notamment, outre deux mille Austro-Boches, qui bénéficient de permis de séjour dans des conditions trop souvent scandaleuses, nous comptons au moins cent mille individus de nationalités douteuses qui, démunis de tous papiers, se réclament de la Russie, de la Roumanie, de la Grèce et qui, en fait, parlent tous allemand ou un patois youddish, Beaucoup d'entre eux, rejetés par toutes les ambassades étrangères, n'ont obtenu la bienveillance administrative que sur l'intervention du grand-rabbin qui a certifié par firman *leur nationalité juive*.

« Cette tourbe cosmopolite refuse formellement de fournir aucune contribution personnelle à la défense de la Patrie dont elle reçoit l'hospitalité : il y a là des milliers de gaillards bien bâtis, pseudo-Russes, pseudo-Grecs, pseudo-Roumains, pseudo-Polonais, pseudo-Italiens, ou encore Espagnols, Arméniens, etc., etc., qui redoutent par dessus tout d'être incorporés.

« Et ces gens-là envahissent nos maisons, sans payer de loyer, touchent des allocations de chômage, mangent aux cantines populaires et insultent les femmes dont les maris et les fils se battent sur nos frontières. »

* * *

L'internationale juive est, par ailleurs, intimement liée à l'internationale socialiste. L'organe officiel des socialistes est *L'Humanité* de Jaurès. Ce journal a toujours déployé une farouche énergie pour prêcher la lutte de classes en France et recommander l'union fraternelle avec les socialistes boches. On comprendra cette double attitude quand on saura que les souscripteurs originaires du *Moniteur du socialisme* se nomment : Lévy-Brülh, Lévy-Brahm, A. Dreyfus, Ely Rodrigues, Léon Picard, Salomon, Reinach, Blum, Rouff-Casewitz, Herr et Sachs. La rédaction de ce journal comprend, entre autres, Jean Longuet, petit-fils du Juif allemand Karl Marx, Victor Snell, citoyen suisse peu recommandable, Homo-Grumbach, boche authentique, etc., etc.

Quand il s'agit de traîner dans la boue tout ce qui constitue la grandeur morale et intellectuelle de la France, on trouve toujours des Juifs cosmopolites associés aux étrangers ou aux socialistes. L'ignoble feuille du satyre Flachon, a été fondée par les banquiers juifs Pereire.

* * *

Nous retrouvons la même association judéo-cosmopolite, quand il s'agit de faire la guerre à un

Français. L'auteur de ce livre en a fait personnelle-
ment la pénible expérience. Il y a quelques années,
nous fûmes odieusement traqué par l'avocat juif
André Hesse et son sous-ordre, l'agent d'affaires
Katz. Notre crime? Nous avions dénoncé les escro-
queries du Juif turc Iskender, dont Hesse s'était
fait le défenseur dévoué, mais que nous fîmes arrêter
et condamner tout de même, malgré la protection
des synagogues. Puis nous eûmes à supporter les
assauts de papier timbré du Juif allemand, voleur
et espion, Silz Léopold, émetteur de l'escroquerie
de la Colombian India Rubber, dont les bureaux
étaient, 37, rue Lafayette, parti au moment de la
mobilisation, rejoindre son poste dans l'armée allemande. Puis encore, les banquiers contrepartistes
Kahn et Lévy dont nous ignorons la nationalité, et
d'autres métèques ou aubains qui n'eurent jamais le
courage de se présenter à la barre...

*
* *

L'envahissement de la Bourse de Paris par l'étran
ger est dû en grande partie aux coulissiers. L'élément judéo-boche domine parmi ces intermédiaires.
Dans *le Bons Sens Financier* du 10 janvier 1916, nous
écrivions :

« Un mot d'une syllabe, de trois lettres, le simple
participe passé du verbe naître, suffirait à purger la
Bourse de beaucoup de métèques qui la souillent
encore. En particulier, les syndicats de la coulisse

n'auraient qu'à introduire dans leur règlement cette phrase : « Ne peuvent faire partie du syndicat que les candidats *nés Français*. » Voilà un moyen très simple et combien facile à appliquer pour se débarrasser des Français de « Kamelote » qui sont une insulte pour notre dignité et un danger pour notre sécurité. »

Les agents de change de Paris ont eu la sage prévoyance de ne pas laisser submerger leur corporation par les dangereux et compromettants métèques qui ont jeté une pénible défaveur sur la coulisse, dont beaucoup de membres sont des étrangers, Juifs allemands et autrichiens en majorité, naturalisés de fraîche date et uniquement pour les besoins de leurs petites affaires.

Sur soixante-dix membres que compte la corporation des agents de change, il ne se trouve, paraît-il, que quatre israélites : MM. Perquel, Crémieux, Mayer et Guastalla, ce dernier successeur de la charge Bex ; on se rappelle que les Rothschild étaient intervenus pour faire accepter cette candidature. Malgré la consonance de leurs noms, MM. Dollfus, Kindberg et Leuba, ne sont pas israélites, ils sont protestants. M. Leuba serait d'origine suisse, naturalisé en 1898 ; M. Dollfus apparenté à la vieille et honorable famille de filateurs de Mulhouse.

*
* *

Les patronymiques à consonance judéo-allemande dominent dans la corporation des coulissiers constituée par les trois syndicats des banquiers en rentes, en valeurs à terme et en valeurs au comptant (1). Les vieilles firmes françaises ont souvent déploré cette invasion exotique, mais elles se sont bornées à gémir en silence, nous faisant leurs confidences le doigt sur la bouche, le regard craintif, redoutant qu'une oreille ennemie recueille leurs doléances. Les mises sous séquestres d'intérêts austro-allemands sont d'ailleurs pleinement instructives, ainsi qu'on va le voir.

Banques et banquiers chez lesquels des intérêts austro-boches ont été mis sous séquestres

Allard et Cie, banquiers (intérêts), 12, place de la Bourse.

Banque Atlas (intérêts), 43, rue Cambon; *Banque des Pays autrichiens*, 12, rue du Quatre-Septembre; *Banque. Ottomane*, 7, rue Meyerbeer; *Bayart et Cie*, banquiers, coulissiers, 45, rue Richer, intérêts de Caspar Lévy et J. Stern, de Berlin; *Betthleim- Wolfgang*, Autrichien, associé du bandit Rosenberg, 16, rue Ampère; *Blum-reich*, banquier, 5, avenue Victor-Hugo; *Brandéis et Cie*, banquiers autrichiens, 6, rue de Hanovre, intérêts allemands séquestrés : *Arndt et Cohen* de Hambourg, etc. Un

1. Voir page 45 à 62 de *l'Annuaire des Banquiers de Paris* édit., 1914 (Bibliothèque Financière, 24, rue Feydeau, Paris (2ᵉ)

des associés de Brandéis serait officier de réserve autrichien.

*Carlebach, Walsch et C*ⁱᵉ, coulissiers naturalisés, 8, rue Rossini, intérêts de Fromberg (Léopold) de Francfort, leur commanditaire ; *Commerz und Disconto Bank*, ses intérêts dans nos grandes banques.

*Dreyfus (Gustave) et C*ⁱᵉ, banquiers-coulissiers, 14, rue Favart, intérêts allemands et austro-hongrois ; *Dreyfus (Jules)* banquier, 44, rue Beaubourg, séquestre levé, Alsacien, arrêt de la Cour du 9 mars 1916.

Elkan, remisier, 12, rue Cambacérès.

Fleiss, banquier, 3, boulevard Suchet ; *Frank, Kaldebourg et C*ⁱᵉ, coulissiers, 20, rue Laffitte, intérêts de Julius Rosenheim, de Berlin, leur commanditaire.

*Gans et C*ⁱᵉ, banquiers, 26, rue Laffitte, intérêts de la Deutsche Bank et de la Diskonto Gesellschaft ; *Gitta (Raoul)*, employé de banque ; *Glasel*, banquier autrichien, 16, rue de Grammont ; *Goëbel et C*ⁱᵉ, 21, rue des Petites-Écuries, représentants de la Schaafhausener Bank-Verein ; *Goldschmidt et C*ⁱᵉ, coulissiers, 27, rue Mogador, intérêts de Frantz Gino-Mayer, de Vienne, de C. O Rothmeiller, de Vienne ; *Goldschmitt, Kahn et C*ⁱᵉ, coulissiers (intérêts d'Eugène Kahn, Allemand), 51, chaussée d'Antin ; *Grunberg, Fleur et C*ⁱᵉ, coulissiers (intérêts), 37, boulevard Haussmann ; *Guggenheim et C*ⁱᵉ, coulissiers, 18, rue Vivienne, intérêts de Eugène Hirsch, leur commanditaire ; *Guttmann, Morel-Kahn et fils*, coulissiers, 7, rue Laffitte, intérêts de Mᵐᵉ Jacobs Kanstein, Autrichienne.

*Hattensauer et C*ⁱᵉ, banquiers, 56, rue Caulaincourt ; *Hajos*, Banque métropolitaine, 4, avenue Friedland ; *Hakouba*, banquier, 10, rue de Châteaudun ; *Hersfelder*, banquier, 11, rue Taitbout ; *Higgins et C*ⁱᵉ, banquiers,

9, rue Pillet-Will, intérêts de la Banque anglo-autrichienne, de Hugo Marcuset Ch. Morawitz de Vienne ; *Hirschler et Cⁱᵉ*, banquiers, 25, rue de Choiseul ; *Hirsch (Eugène)*, boursier, 140, avenue Victor-Hugo.

Kelemen, financier, 15, rue Scribe, domicile, 15, rue d'Aubigny ; *Klibansky et Cⁱᵉ*, banquiers-coulissiers, 17· rue Monsigny, intérêts de Karl Hertzberg de Frankfurt, leur commanditaire : *Kopelski*, boursier, 122, avenue de Villiers ; *Kurz (Paul)*, autrichien, agent de banque, naturalisation rapportée

Lazar (Julius), courtier de Bourse, 86, rue Saint-Lazare ; *Levy (John) et Cⁱᵉ*, banquiers (intérêts), 7, rue Drouot ; *Levig et Cⁱᵉ*, banquiers, 23, rue Drouot, séquestre des intérêts de Heynemann allemand ; *Lowengart*, banquier, représentant la Dresdner, 29, rue Taitbout.

Meyer et Weill, banquiers (intérêts), 45 rue Laffite.

Neufeld, banquier, 17, boulevard Haussmann.

Obberdœrffer, banquier, 114, avenue de Wagram, *Oettinger*, financier, 12, rue Cortambert, ses intérêts dans la banque Allard, 12, place de la Bourse.

Radlitz Josef, autrichien, remisier, naturalisation rapportée ; *Recht et Cⁱᵉ*, banquiers, 12, rue Halévy, intérêts de Sam-Recht, autrichien, leur commanditaire ; *Riquez et Cⁱᵉ*, coulissiers, 8, rue de Hanovre, intérêts allemands ; *Ritscher et Cⁱᵉ*, coulissiers (intérêts), 99, rue Richelieu ; *Rehsé*, banquier, 68, faubourg Poissonnière ; *Rheims, Hermann et Cⁱᵉ*, coulissiers (intérêts), 19, rue de Provence ; *Rosenberg*, banquier, l'illustre gredin qui s'acharna contre notre Rente 3 o/o, 45, rue de l'Arcade, domicile, 2, rue Champfleuri.

Schœnfeld (Max), financier, 33, avenue des Bourdonnais ; *Schumann*, remisier, 7, rue Marcel-Renault ; *Seelig*, courtier de Bourse, 5 *bis*, rue Rougemont ; *Silz*

(*Léopold*), allemand, émetteur de la Colombian India Rubber, escroquerie des plus audacieuses ; *Sitri, Bloch et Cie*, banquiers, 38, rue de Châteaudun, intérêts de Baruch Adolph., de Cologne et de Henri Betteleheim, allemands ; *Sommer*, banquier allemand, 52, boulevard Haussmann : *Schmatzer*, banquier allemand, 10, rue de la Pépinière, domicile, 7, rue Jules-Janin ; *Spanjaard et Cie*, coulissiers, 8, rue Ménars, intérêts de Kurt Rosenthal, de Berlin, leur commanditaire ; *Spitzer et Cie*, banquiers, 67, boulevard Haussmann, intérêts autrichiens et allemands, Arthur Spitzer, né à Sapron en Hongrie ; *Strauss*, banquier, 18, rue Daru ; *Strauss*, financier, 15, rue Lafayette ; *Strauss (Otto et Victor)*, 5, rue de la Bourse.

Tolnay et Cie, coulissiers, d'origine hongroise (intérêts), 24, rue de Grammont ; *Urras*, boursier, rue Rochechouard ; *Urruty et Cie*, coulissiers, 3, rue Louis-le-Grand, intérêts de Gustaf Springer et V. Ephrussi de Vienne ; *Weisweiller*, financier, 12, rue de l'Alma ; *Wormser et Cie*, coulissiers, 17, rue Drouot, intérêts allemands séquestrés, (Alfred Wormser naturalisé, décret du 22 avril 1899).

Combien y a-t-il dans cette énumération de noms de vrais Français de France, n'ayant pas d'attache familiale d'origine étrangère ? A notre connaissance, il n'y en a aucun, sauf erreur des documents consultés (1).

1. Dans la coulisse, *sur 110 banquiers inscrits à la feuille, 32 seraient des naturalisés* (Discours de M. Jules Delahaye, Ch. des députés, 28 janv. 1914). Et il ne s'agit là que des chefs de maison : c'est par centaines que se comptaient les employés austro-boches, la plupart juifs, naturalisés ou non.

On sait que les règlements intérieurs de la Bourse interdisent aux femmes — on se demande pourquoi — l'accès du temple de Plutus. Depuis que le monument de l'architecte Brongniart fut affecté à son usage actuel, c'est-à-dire le 6 novembre 1826, il n'a été fait qu'une exception à cette règle inflexible et ce fut en faveur d'une Allemande, devenue Française par son mariage, mais restée Boche par ses sentiments germanophiles. A l'approche des armées de von Kluck, en septembre 1914, son attitude fut suspecte au point que le gouvernement de la Défense nationale fit éloigner de Paris et placer sous la surveillance de la police cette Teutonne. Sa double qualité de Juive et d'Allemande avait ouvert à cette femme toutes les portes : elle était archiviste de *l'Association des secrétaires de Rédaction* ; elle avait collaboré au journal *les Nouvelles*, commandité par la Deutsche Bank, ou plus exactement par le banquier boche Gans, correspondant et représentant à Paris de la *Deutsche Bank*, ami personnel de l'espion-ambassadeur de Schoën. Le fondé de pouvoirs de la banque Gans et Cie, nommé

Certains membres des syndicats intéressés se sont émus, tardivement d'ailleurs, de cette situation. A la réunion des membres de la coulisse de la Rente tenue le 23 juin 1916, il a été proposé que les fondés de pouvoirs, teneurs de carnets et employés divers soient obligatoirement français, alors que la *nationalité* française (et non la *naissance*) était auparavant exigée pour les chefs de maison seulement. A notre connaissance, cette proposition n'a pas eu de suite, ce qui révèle un singulier état d'esprit après deux ans de guerre.

Elliat, est maintenant officier dans l'armée allemande, parti la veille de la mobilisation, averti par son patron que le Vaterland l'appelait. C'est ce Boche qui écrivait de Suisse, à sa belle amie, une danseuse belge restée à Paris, qu'il n'attendait que l'entrée des soudards du Kaiser dans notre capitale pour venir l'y rejoindre. Les amours de la donzelle ont dû se refroidir, tout autant que le repas somptueux préparé par l'escroc Geissler de l'Astoria pour son empereur Wilhelm II.

* * *

Puissent les os de nos vaillants défenseurs, qui blanchissent de Dunkerque à Salonique, rapprocher les vivants. Substituons l'esprit de sagesse au fanatisme et au sectarisme. Nous ne devons pas seulement nous tolérer, nous devons nous respecter. Soyons Français avant tout, et uniquement Français. N'ayons qu'un ennemi : le Boche, terme générique qui marque du stigmate de l'infamie tous les barbares qu'ils soient turcs, hongrois, autrichiens, prussiens, bulgares.

* * *

Voilà une parenthèse d'envergure, qu'il est temps de fermer. Cette digression nous a apparemment éloigné de notre sujet principal. Mais elle n'était pas inutile, elle était nécessaire même, pour jeter un nouveau rayon de lumière sur l'esprit qui a pu animer les ouvriers de la *Banque de Paris*, depuis le chef d'équipe, le juif allemand Bamberger, jusqu'aux tâcherons, métèques et aubains, qui ont poursuivi la tâche du maître.

CHAPITRE XIII

Les bilans de la Banque de Paris manquent totalement de clarté. — Cette obscurité voulue en masque les points faibles. — Commentaire de celui arrêté le 31 décembre 1915. — Une série de questions auxquelles les augures de la Banque de Paris seraient fort embarrassés de répondre. — Nécessité d'une loi portant obligation pour les sociétés de publier au « Journal officiel », la composition de leur portefeuille-titres. — Notre correspondance à ce sujet avec M. Durandy, l'honorable député des Alpes-Maritimes, auteur d'une proposition de loi réglementant les dépôts en banque. — De quelques mesures prophylactiques, propres à assurer la bonne hygiène morale d'un certain monde de la finance.

Les bilans de la Banque de Paris, avons-nous dit, offrent peu de clarté. Examinons le dernier en date, celui arrêté le 31 décembre 1915. Cette obscurité voulue masque, aux yeux des profanes, certains détails sur lesquels on serait fâché ou embarrassé de fournir quelques précisions, mais qu'un œil un peu exercé découvre sans trop de difficultés.

Bilan de la Banque de Paris au 31 décembre 1915

Actif

En caisse et à la Banque....................	31.987.256	61
Fonds disponibles banques, à l'étranger.	21.144.558	11
Portefeuille-effets :		
France et Bons de la Défense..........	30.246.613	95
Étranger....................................	17.117.088	51
Succursales :		
Comptes fixes...........................	8.000.000	»
Comptes courants........................	12.418.146	87
Comptes courants des syndicats.......	9.588.027	40
Corresp. et comptes courants..........	106.734.002	15
Reports....................................	20.887.321	»
Coupons à encaisser....................	4.516.238	»
Avances sur garanties.................	27.088.141	38
Fonds d'États...........................	14.018.317	43
Actions et obligations.................	99.064.534	71
Participations diverses................	29.179.580	»
Comptes divers.........................	3.072.475	»
Immeubles de la Société...............	10.681.982	54
Total.................	445.744.373	66

Passif

Capital social...........................	100.000.000	»
Réserve légale..........................	10.000.000	»
Réserve extraordinaire.................	68.750.000	»
Fonds de prévoyance :		
Appartenant aux actionnaires.........	12.147.565	85

Appartenant aux administrateurs......   522.485 48
Effets à payer.........................   5.271.500 99
    Succursales :
Comptes fixes..........................   8.000.000 »
Comptes courants.......................   12.418.146 87
Correspond. et comptes courants......   145.769.005 62
Coupons à payer.......................   53.965.020 32
Dotation en faveur du personnel......   1.104.042 64
Comptes divers........................   10.765.005 32
    Profits et pertes :
Rep. de l'exerc. préc..................   12.136.791 79
Bénéfices..............................   5.254.442 65
      Total...................   445.744.373 66

* * *

Les exigibilités immédiates, que renseignent les
différents postes de ce bilan, sont :

Effets à payer.........................   5.271.500 fr.
Succursales............................   20.418.146 fr.
Comptes courants......................   145.769.020 fr.
Coupons à payer.......................   53.605.005 fr.
Dotation en faveur du personnel......   1.104.042 fr.
Comptes divers........... ....   10.765.005 fr.
        236.932.718 fr.

Que possède la Banque de Paris pour faire face à
ces exigibilités ? Elle aligne les disponibilités suivantes :

Réserves et prévoyance...............   91.420.052 fr.
En Caisse et en banque...............   53.131.814 fr.

France ? et Bons de la défense........ 30.246.613 fr.
Étranger.............................. 17.117.688 fr.
Comptes divers.......................   3.072.475 fr.
Avances et reports................... 47.975.462 fr.
____
232.963.504 fr.

La situation n'est pas absolument reluisante. Nous avons eu la générosité de faire figurer dans les éléments d'actif 47 millions de reports et avances. Pas un administrateur de la Banque de Paris ne serait assez présomptueux pour affirmer que ces postes ne subiraient aucun déchet s'il fallait les monnayer du jour au lendemain. Quant aux autres postes de l'actif, rentes, actions et obligations, les réserves s'imposent encore avec plus de rigueur.

Au 31 décembre 1915, nous dit le rapport présenté à l'assemblée du 15 mars 1916, « le portefeuille-titres figurait pour 113.082.581 francs. Il se compose de 32 fonds d'État, de 321 catégories d'actions, de 38 catégories d'obligations et de 88 participations diverses, soit au total 479 valeurs différentes, contre 520 l'an dernier ».

C'est ici que les points d'interrogation se succèdent en une inquiétante sarabande. Quels sont les fonds d'États groupés sous ce total laconique ? En premier lieu les emprunts bulgares, y compris les 90 millions avancés au traître Ferdinand de Bulgarie quelque temps avant la mobilisation de 1914, nous le gagerions à cent contre un.

Et pour quelles sommes y figurent les emprunts

mexicains, brésiliens, turcs, hongrois, autrichiens, etc ? Et que vaudra tout ce papier après la guerre ? Voilà ce que les augures de la Banque de Paris ne nous disent point.

Quelles sont ces 321 catégories d'actions, ces 38 catégories d'obligations et ces 88 participations ? Dans quelles proportions y figurent les entreprises allemandes, pro-boches ou exotiques dont nous avons énuméré quelques-unes dans les chapitres I, II, III, IV et V ? Sous le coup de marteau du commissaire-priseur à quelle somme se réduirait l'imposant total de 120 millions accusé par le bilan ? Autant de secrets gardés jalousement et rigoureusement impénétrables.

Il ne s'est jamais rencontré un actionnaire français de la Banque de Paris, assez courageux ou assez avisé, pour poser ces questions au cours d'une assemblée annuelle. Nous voulons espérer qu'instruit par les multiples leçons de la guerre, un citoyen se rencontrera, moins timoré ou moins ignorant de ses droits et de ses devoirs.

* * *

De nombreux écrivains financiers ont déploré, avant nous, la sorte de mépris, la basse tutelle, sous lesquelles la plupart des conseils d'administration tiennent les actionnaires des sociétés anonymes, trop souvent conglomérat de gens bonasses, sans ressort, sans initiative.

Cette désinvolture des uns, faite de la passivité des autres, appelle une fois de plus l'attention sur une lacune regrettable de la loi de 1867. Cette lacune, il faut la combler d'urgence, par voie législative, en obligeant les sociétés anonymes à publier au *Journal Officiel* la nomenclature détaillée des titres, rentes, actions, obligations et participations composant leur portefeuille. Cette excellente mesure a été depuis longtemps adoptée par nos alliés les Belges, dont on connaît le sage esprit en matière de législation financière. Si pareille disposition législative avait été en vigueur, chez nous, que de cataclysmes financiers, que de trahisons économiques n'eussent pas été épargnés à notre pays. En effet, si, contrainte par la loi, la Banque de Paris avait dû étaler au grand jour la série de ses participations austro-allemandes et de ses combinaisons extra-européennes, il se fût certainement levé un Français, journaliste, parlementaire ou simple actionnaire, pour protester contre le scandale et faire naître les mesures répressives nécessaires.

On sait que M. Alexandre Durandy, député, est l'auteur d'une proposition de loi (n° 1101, session de 1915) tendant à la réglementation des dépôts de fonds dans les banques. Nous sommes entré en correspondance avec l'honorable député des Alpes-Maritimes qui a bien voulu accueillir et faire état de quelques remarques et observations que nous nous étions cru autorisé de lui soumettre dans un but d'intérêt général. Nous lui avons précisément suggéré, entre autres choses, d'introduire dans sa proposition de loi un article réalisant cette réforme de la publication au *Journal Officiel* de la composition du portefeuille-titres des sociétés. Nous lui signalions, d'autre part, l'urgence d'interdire les annonces mensongères et les réclames tintamaresques faites sous un anonymat frauduleux, sous des firmes fantaisistes, par toute une harka d'aigrefins et d'écumeurs, dépourvus de scrupules autant que de fonds, mais toujours régulièrement nantis d'un casier judiciaire surchargé à souhait. Comme conséquence, exiger désormais de quiconque veut s'occuper d'affaires financières ou s'établir banquier 1o un casier judiciaire intact, 2° un cautionnement, déposé à la Caisse des dépôts et consignations, dont l'importance serait quintuplée pour les sujets alliés et décuplée pour les neutres; 3° un stage d'au moins trois générations pour les naturalisés.

L'intervention du législateur s'impose contre l'anonymat de contrebande, pour deux raisons, la deuxième revêtant les caractères d'un double danger. Si les malandrins étaient obligés d'opérer à visage découvert, leurs chances de faire de nouvelles dupes seraient considérablement réduites. Si, au lieu d'avoir à envoyer leur argent à M. l'administrateur ou à M. le directeur, les épargnants savaient, en toutes lettres, que ces façades dissimulent adroitement un ancien repris de justice ou un filou avéré ayant fait déjà ses preuves, il est probable qu'ils iraient porter, en un lieu plus sûr et dans des mains plus nettes, l'argent amassé à grand renfort de privations et d'économies pendant de longues années.

Mais si jusqu'ici l'anonymat pouvait ne cacher qu'un repris de justice, un banquier véreux, désormais il se prêterait merveilleusement à cacher des Boches ou emboché qui, sans être moins tarés que les précédents, seraient encore plus dangereux, étant Boches. Le législateur doit fermer la porte de l'anonymat à toute la Bochie gluante, insinuante, rampante et malfaisante.

*
* *

Nous avons dit au début de ce chapitre de quel voile se couvrent les bilans de la Banque de Paris. Si nous voulions trouver une autre preuve du mystère, de la fantaisie, ou de la bizarrerie dont s'accompagnent beaucoup des opérations de cette institution financière, nous la rencontrerions dans la liste des souscripteurs de la dernière augmentation du capital social, de 75 à 100.000 000 de francs, réalisée en 1912. Nous groupons ci-après les plus importants ou les plus marquants de ces actionnaires :

Teyssier (Georges), de la Banque de Paris.	510	actions
Choppin de Janvry (Joseph), propriétaire, 3, rue d'Antin......................	5	—
Moret, propriétaire, 3, rue d'Antin........	50	—
Choppin de Janvry (Jean), 3, rue d'Antin.	3	—
Desmarest (Louis), propriétaire, 3, rue d'Antin..........................	1	—

Neymarck (Alfred), 33, rue Saint-Augustin.	12	actions
Lenoir (Alphonse), 14, rue Favart........	17	—
Poincaré (Jules-Henri), de l'Institut........	1	—
Kulp (Jacques-Frédéric), de la Banque de Paris...................................	100	—
Caillavet (Gaston de)....................	16	—
Reinach (Théodore)......................	56	—
Dreyfus (Louis) et C° banquiers.........	1	—
Rothschild (Mme Nelly)...................	20	—
Son Altesse Albert Ier, prince de Monaco, ingénieur.................................	8	—
Prince Ouroussoff, à Monaco.	5	—
Chapuy, (Ingr. du Chemin de fer de Rosario-Puerto-Belgrano)....................	34	—
Loubet (Émile) propriétaire, rue Dante..	100	—
Mayer (Louis), mandataire de Son Altesse Sérénissime le prince de Monaco.......	100	—
Kulp (J.-Frédéric), de la Banque de Paris..	125	—
Thors (Joseph-Henri) — —	100	—
Comte de Germiny — —	100	—
Gaine (François-Louis-Auguste) —	2	—
Hély d'Oissel (Jean-Léonce-Frédéric)—	100	—
Bénac (André) — —	100	—
Dupasseur, propriétaire, 3, rue d'Antin....	28	—
Stosskopf, — —	4	—
Francis de Croisset......................	300	—
Hachette (Mme).........................	780	—
Sartelet (Alexandre), de la Banque de Paris.	8	—
Renard (G.), propriétaire, 3, rue d'Antin.	34	—
Rhein (Jules) — —	140	—
Nœtzlin — —	400	—
Renard (Gustave) — —	16	—
Turrettini (Albert) — —	300	—

Wytenhove (Maurice)	—	—	10 actions
Chabert (Henry)	—	—	20 —
Finaly (Horace), de la Banque de Paris....			25 —
Chabert (Henry), propriétaire, 3, rue d'Antin.			5o —
Finaly (Horace)	—	—	165 —
Dupasseur (Édouard)	—	—	165 —
Turrettini (Albert)	—	—	325 —
Gaine (François), de la Banque de Paris..			80 —
Teyssier (Georges)	—	—	125 —
Thors (Henri)	—	—	390 —
Hély d'Oissel	—	—	390 —
Griollet (Hippolyte-Gaston)	—		390 —
Rengnet (Paul), propriétaire, 3, rue d'Antin.			80 —
Moret (Édouard)	—	—	165 —
Dutilleul (Georges), de la Banque de Paris.			125 —
Bénac (André)	—	—	390 —
Chevalier de Bauer	—	—	390 —
Stern (G.-D.)	—	—	390 —
Nœtzlin, propriétaire, 3, rue d'Antin......			390 —
Rhein (Jules)	—	—	80 —
Chabert (Henry)	—	—	165 —
Germiny (Adrien de)	—	—	390 —
Comte Foy	—	—	390 —
Turrettini (Albert)	—	—	12 —
Gaine (François), propriétaire, 3, rue d'Antin.			53 —
Griollet (Hippolyte-Gaston), de la Banque de Paris..			9 —
Gauthier (Albert), propriétaire, 3, rue d'Antin..			1 —

On remarquera que les mêmes administrateurs et employés de la banque souscrivent en plusieurs tranches tantôt à leur adresse particulière, tantôt à l'adresse de leur emploi, 3, rue d'Antin, où ils ont tous le privilège d'être propriétaires, — les heureux mortels. Pourquoi ces souscriptions fractionnées, avec des chiffres se repétant souvent, ou formant des totaux déconcertants ? Ce sont des mathématiques dont la transcendance nous échappe.

Nous avons vu (se reporter au chapitre VIII), que M. de Saint-Albin est actionnaire originaire du *Chemin de fer de Rosario-Puerto-Belgrano* ; nous trouvons ici M. Neymarck, souscripteur d'actions de la Banque de Paris. Nos économistes distingués, se distinguent ; dans le dernier chapitre, nous reviendrons sur la question du rôle de la presse en général et de la presse financière en particulier à l'endroit des puissances d'argent.

Tout le monde éprouvera une légitime fierté de voir notre ex-président Loubet placer si dignement ses économies ; notre Altesse déchue affiche la même perspicacité que la minuscule Altesse de Monaco ; leurs collègues, Louis Dreyfus et Cie, par exemple, font preuve d'un maigre enthousiasme, à moins, les pôvres, qu'ils fussent un peu gênés à ce moment-là ; ils n'ont pu souscrire qu'une action ! Pour les profanes, disons que M. Alphonse Lenoir, souscripteur de dix-sept actions, était chargé de répartir à la presse les budgets de publicité, occulte ou avouée, consacrés par la Banque de Paris à faire chanter sa gloire et ses mérites ; M. Lenoir a emporté dans la tombe de précieux secrets ; que d'intéressants mémoires eût pu écrire cet homme, témoin ou négociateur de tractations politico-financières les plus croustillantes ; lui dont le bureau de publicité fut souvent transformé en une agence balzacienne où se trafiquaient les choses les plus disparates : influences politiques, permis de chemins de fer, billets de théâtre, décorations de tous pays.

À première vue, ces petits détails semblent n'avoir aucun rapport avec les faits relatés et les personnages mis en scène par nous tout au long de cet ouvrage ; mais, en réalité, tout se rattache étroitement en une trame serrée. Qu'on veuille bien se donner la peine de considérer sur quelles poitrines de financiers et d'hommes d'affaires s'étale l'insigne de la Légion d'honneur, et bien des choses apparaîtront d'une clarté aussi lumineuse que suggestive.

CHAPITRE XIV

Le haut personnel de la Banque de Paris. — Un quatuor de métèques, maître de la place. — Rôle effacé des administrateurs français. — Responsables et inconscients. — Théorie de Louis Dimier sur l'erreur commise même de bonne foi. — L'humiliation infligée à M. Labeyrie. — L'exécution de M. Luquet. — Parler bas, c'est se taire ; se taire, c'est trahir. — Solidarité totale du peuple et de l'armée boches. — Être dupe, c'est être complice. — Encore un mot sur les naturalisés et les étrangers. — Un jugement sévère de M. Pierre Baudin. — Urgentes mesures d'après guerre. — Du crédit pour notre commerce et notre industrie. — Parallèle entre les méthodes françaises et les méthodes boches. — Un exemple frappant à Anvers. — Nécessité d'une presse digne d'un rôle défini par Léon Daudet. — Nos économistes distingués... — En moins d'un demi-siècle, nous avertit M. Deherme, notre sol a été envahi deux fois. — Français, il y faut réfléchir !

Le lecteur qui a bien voulu nous suivre jusqu'ici se trouve automatiquement amené à se poser cette question : En plus de l'élément exotique que nous connaissons, quelles sont donc les personnalités financières qui administrent et dirigent la Banque de Paris et la conduisent ou la laissent se ruer si hardiment à l'assaut de l'épargne française ? Voici la composition actuelle de l'état-major de la Banque de Paris.

*Membres du conseil d'administration
de la Banque de Paris :*

Edouard Nœtzlin, 43, avenue d'Iéna, président honoraire ; *G. Griollet*, 97, avenue Henri Martin, président ; *Stéphane Dervillé*, 37, rue Fortuny, vice-président ; *A. Turrettini*, 11, rue Cortambert, vice-président, directeur-général ; Chevalier *R. de Bauer*, à Bruxelles ; *A. Bénac*, 11, rue de Milan ; *Comte Foy*, 25, rue de Surène ; *Comte Adrien de Germiny*, château de Gouville, par Fontaine-le-Bourg (Seine-Inférieure) ; baron *Hély d'Oissel*, 45, avenue d'Iéna ; *E. Stern*, 57, rue de l'Arcade; *J.-H. Thors*, 5, rue Montchanin.

Censeurs : *Georges Dutilleul*, 8, avenue Marceau ; *J. Kulp*, 66, rue Pergolèse ; *G. Teyssier*, 43, rue de Monceau.

Directeurs : *Ed. Moret*, 8, rue Murillo, *Horace Finaly*, 8, rue de Presbourg, *H. Chabert*, 68, boulevard de Courcelles.

Sous-directeurs : *F. Gaine*, 9, rue de la Liberté, à Asnières ; *P. Rengnet*, 5, rue Henri-de-Bornier.

Secrétaire général : *A. Atthalin*, 11 *bis*, rue de Bellechasse.

Chef de Contrôle : *Stosskopf (A.),* 46, rue de Dunkerque.

Fondés de pouvoirs : *Joseph Choppin de Janvry,* 7, rue Théodore-de-Banville ; *R. Bousquet,* 115, rue de Rome; *H. Ballet-Baz,* 5o, rue Truffaut : *C. Couture,* 9, rue du Commandant-Marchand ; *P. Grunewald,* 42, rue de Laborde; *H. Simon,* 70, rue des Martyrs ; *A. Sartelet,* 51, rue de Dunkerque.

Commissaires : *R. Sautter, Comte de Lyrot.*

Incontestablement, il y a là des gens parfaitement honnêtes et d'excellents Français, de sentiments patriotes indiscutables. Nous les mettons en scène, sans les mettre en cause. Ils sont là, comme ils seraient ailleurs, comme ils sont ailleurs en réalité, pour toucher des jetons de présence, pour encaisser quelques bribes de fructueuses participations dont ils ignorent les manipulations, et pour pouvoir ajouter enfin sur leur carte de visite : administrateur ou fondé de pouvoirs de la Banque de Paris.

Voici, par exemple, un auguste et respectable vieillard, M. le Comte de Germiny, âgé de quatre-vingt-cinq ans, ancien trésorier-payeur général en 1870, négociateur de l'emprunt Morgan contracté pendant l'année terrible, qui est retiré dans sa propriété de Gouville, en Seine-Inférieure. Son âge et son éloignement lui interdisent évidemment de prêter un concours effectif à la négociation et à la conduite des combinaisons cosmopolites de la Banque de Paris. D'autres de ses collègues du Conseil d'administration ne prennent certainement pas une part plus active à la gestion des affaires sociales qu'ils administrent nominalement. Cet effacement leur vaut-il une excuse, leur crée-t-il une circonstance atténuante ?

Louis Dimier, dans son livre admirable sur Bossuet, parle ainsi de ceux qui ne sont coupables que de se tromper :

« Les idées entraînent des conséquences de fait, auxquelles la bonne foi ne change absolument rien. Commise de bonne ou de mauvaise foi, l'erreur cause les mêmes mécomptes, les mêmes destructions ou les mêmes catastrophes. Une erreur de calcul chimique fait sauter les laboratoires ; une erreur de pédagogie corrompt l'enfance et ruine la vie ; une erreur de religion déchaîne le fanatisme et met les États à l'envers ; une erreur de politique jette sur un pays en cinq quarts de siècle cinq invasions; lors même que ceux qui les commettent ne sont coupables que de se tromper. Supposé qu'on les excuse pour cela, encore cela ne saurait-il dispenser du soin de tenir laboratoire, école, religion, État, à l'abri de leur direction, et au besoin d'user de rigueur pour les en repousser. Sous prétexte que dans le mal commis leur malice est problématique, il faudrait être un peu plus que fou pour décréter la liberté de ce mal ; que dis-je ? pour mettre cette liberté au rang des principes de l'humanité affranchie et régénérée. C'est cependant ce qu'on fait, quand on défend d'opposer la contrainte et les sanctions de fait, à l'erreur en tout genre et de quelque nature qu'elle soit. »

* * *

Les Français qui entrent dans le Conseil d'administration de la Banque de Paris, semblent n'y jouer qu'un rôle de second plan ; ils font plutôt figure de vassaux à côté de leurs suzerains venus d'au delà des frontières.

Metternich disait d'une alliance imposée à Louis-Philippe par les circonstances : « C'est l'alliance du cavalier et du cheval ; mais il ne faut pas toujours être le cheval. » Or, le Français fait toujours le cheval ; les rênes sont tenues par l'exotique. En effet :

1° M. Noetzlin, ancien directeur, promu pompeusement à l'honorariat, trahit son origine étrangère par son accent inénarrable et la difficulté qu'il éprouve à s'exprimer correctement dans la langue de Voltaire ;

2° M. Turrettini, vice-président, directeur général, est Suisse allemand. Nous croyons qu'il n'a jamais songé à se faire naturaliser. Par décret paru à *l'Officiel* du 15 novembre 1913. M. Stephen Pichon, alors ministre des Affaires étrangères, le décora de la Légion d'honneur, au titre étranger. En créant l'étoile des braves, Napoléon n'avait assurément pas prévu qu'elle irait un jour s'étaler sur le gilet de flanelle d'un Turrettini. M. Pichon ne doit pas, pour sa part, être très fier de son geste en faveur de cet aubain. Il est arrivé d'ailleurs quelquefois à M. Pichon de manquer de psychologie. C'est lui qui, dans *le Monde Illustré* du 11 juillet 1914, écrivait sans sourciller :

« L'empereur François-Joseph est toujours resté mesuré, calme et pacifique. Il a su faire respecter sa couronne... Ce ne sera ni le premier, ni le moindre service rendu à l'Europe par ce souverain... »

Quinze jours à peine s'étaient écoulés que l'immonde gredin François-Joseph... on connaît, hélas ! la suite. A l'occasion de cette décoration, *Le Gil Blas* du 16 novembre 1913 consacrait un écho mondain au sieur Turrettini, dans une forme niaise, bassement servile et en termes solennellement creux ; on eût juré que le journal des frères Merzbach, les banquiers bien « Parisiens », avait pris à tâche de noyer dans le ridicule le concitoyen de Victor Snell, le truculent socialiste international.

Mais voici qui est phénoménal : M. A. Turettini, directeur de la Banque de Paris siège au conseil d'administration de la *Société impériale du chemin de fer de Bagdad*, entre les deux grands financiers allemands, Arthur von Gwinner et le Dr Karl Helleferich, l'actuel vice chanchelier de l'Empire, qu'entourent une dizaine de financiers austro-boches de moindre envergure.

Tout le monde sait maintenant quelle énorme importance politique et militaire avait dans le vaste plan pangermaniste ce chemin de fer de Bagdad auquel la *Banque de Paris et des Pays-Bas* apportait le concours des capitaux français. Voici en quels termes l'écrivain nationaliste allemand Siegmund Schneider appréciait ce concours :

« La construction du chemin de fer de Bagdad est *le plus grand triomphe de la politique allemande* en Orient... Il est dû notamment au rare esprit d'entreprise du directeur de la *Deutsche Bank*, le D‍r Siemens. C'est lui qu'il faut remercier et aussi féliciter d'avoir réussi à s'entendre *avec le groupe des capilistes français si riches et si influents...* »

De quel jour les événements actuels n'éclairent-ils pas ces lignes !

Rappelons encore que M. Turettini est, en outre, administrateur de la *Société centrale pour l'Industrie électrique*, en compagnie des Boches Oliven, Hanspohn, Heilbronn, Hentsch, Walch et Heinemann. Sur le rôle et l'œuvre de ce Boche en Belgique et en France, avant et pendant la guerre, voici ce qu'écrivaient en 1915 différents journaux :

Le journal belge *la Métropole*, qui paraissait à Anvers avant l'occupation — a publié dans son numéro du 19 juillet 1915 cette note :

La Banque Centrale Anversoise

« Les Allemands viennent de faire à Anvers un nouveau coup de force. La Banque Centrale Anversoise va être absorbée par la *Deutsche Bank* et l'administrateur délégué de ladite banque devient le directeur de cette institution. Cette nouvelle fera sensation tant dans les milieux financiers et commerciaux que dans la bourgeoisie. On peut se demander comment la chose s'est faite, car si même le conseil de la banque s'est laissé faire, les actionnaires auront certainement protesté, en tout cas, les actionnaires belges qui doivent être majorité. D'après ce que nous apprenons, dit *la Belgique*, cette absorption serait tout simplement un coup de force défiant toute loi, toute justice, un de ces coups de force dans lesquels les Allemands sont passés maîtres. » *Voilà une nouvelle qui surprendra bien ceux qui savent quel Boche avait la main haute sur les affaires de la Banque Centrale.*

Dans *l'Action française* du 4 août 1915, Léon Daudet apportait à la note ci-dessus ces précisions :

« Le directeur de la *Deutsche Bank*, qui vient d'escamoter ainsi, au mépris du droit des gens, la *Banque Centrale Anversoise* est un nommé Heinemann. Cet Heinemann a un frère, Daniel Heinemann, administrateur délégué de la *Société financière de Transports et d'Entreprises industrielles*. Or ce Daniel Heinemann avait été appelé par Emil Ullman au conseil d'administration de la *Société Centrale pour l'Industrie Électrique* dont je vous ai entretenus, et qui avait son siège, 3, rue Moncey, société dont le but réel, mais caché, n'était autre que l'électrification allemande, par l'*Allegemeine Elektrcitats Gesellschaft,* du réseau des chemins de fer français. Daniel Heinemann représentait, dans cette entreprise, les intérêts conjoints de l'*Allegemeine Elektricitats Gesellschaft* et de la *Deutsche Bank.* »

Enfin M. Pol Jaubert, syndic de l'Association de la presse financière belge, directeur de *Financia*, de Bruxelles, réfugié à Paris, a dénoncé cet Heinemann au cours des campagnes patriotiques qu'il a menées contre la finance boche (Cf. notamment numéro du 10 juillet 1915).

3º M. Horace Finaly, tête de file des directeurs, est un Juif hongrois, qui a imité beaucoup de ses coreligionnaires, sujets du sinistre bandit, du vieillard rouge de Habsbourg : il s'est fait naturaliser Français! mais il n'a pas, que nous sachions, désavoué son compatriote le major hongrois commandant le 22ᵉ régiment de honved, opérant contre les Russes et qui s'adressant aux recrues leur disait en octobre 1914 : « Lorsque vous aurez pénétré en Russie, n'accordez ni quartier ni merci aux vieillards, aux femmes, aux enfants, quand même ces derniers seraient encore au ventre de leur mère. »

4º M. Thors, lui, est un article hollando-allemand, importé par le Boche Bamberger, dont il était secrétaire et auquel des alliances matrimoniales l'ont étroitement lié. Ce M. Thors a lui-même pour secrétaire un personnage connu sous le vocable de Sabbag-Bey, nom bien français. *Le Gaulois* du 24 décembre 1907 dédiait, pour son petit Noël, un coup de crayon à M. Henri Thors, lequel nous dit M. Arthur Meyer « a acquis toutes les qualités d'esprit du peuple dans lequel il s'est confondu ».

M. Thors a surtout acquis une grosse fortune au détriment du peuple « dans lequel il s'est confondu ». Il n'est pas moins naturel de trouver dans le journal de M. Arthur Meyer, Juif renégat, l'éloge du métèque Thors, que de lire les louanges de l'aubain Turrettini dans le journal de la tribu Merzbach.

Donc le quatuor Turrettini, Noetzlin, Thors et Finaly, tous étrangers ou d'origine étrangère, toujours attachés de cœur et d'esprit à leur première patrie, sont les dirigeants effectifs de la Banque de Paris, qualifiée la plus grande banque « française » d'affaires. Fondée sous l'inspiration du Juif allemand Bamberger, cette banque n'a jamais failli à ses traditions ; elle est constamment restée sous la dépendance d'un haut personnel étranger. Sans doute M. Griolet est président du Conseil d'administration, mais on sait quel rôle effacé occupe un tel personnage dans la gestion des affaires sociales ; sa fonction se limite, une fois par an, à lire publiquement devant les actionnaires bayant un rapport à la rédaction duquel il est totalement étranger et au contexte duquel il comprend peu de chose.

Autre remarque tout à fait suggestive : du temps que M. Choppin de Janvry, par exemple, est au front, mobilisé depuis quinze mois, malgré qu'il soit père de six enfants, ses collègues métèques et aubains continuent tranquillement leurs petites affaires rue d'Antin. C'est la formule : les nationaux supportent toutes les charges qui incombent aux

aborigènes, les étrangers, par privilège, en sont
radicalement affranchis.

* * *

On n'a pas oublié l'humiliation insultante, subie
par M. Luquet, directeur de la Comptabilité publique
et du mouvement des fonds, au ministère des Finances, dans les conditions que l'on sait. Ce haut
fonctionnaire fut un jour chargé par un ministre
patriote — mais imprudent — de faire savoir à une
grande banque que le Juif allemand Arthur Spitzer,
originaire des confins de l'Allemagne et de l'Autriche, naturalisé Français pour les besoins de ses
combinaisons, était vraiment peu qualifié pour tenir
les premiers rôles dans les affaires françaises. Quel
fut le résultat de cette démarche ? Le regretté
M. Calmette va nous l'apprendre.

« Tout à coup, certain soir, vers cinq heures, un
visiteur important survint qui réclama la tête de
M. Luquet à M. Caillaux, collègue de M. Spitzer.
Un autre visiteur lui succéda, personnage très considérable et très considéré, grand ami du ministre
des Finances, celui-là aussi, et ami encore plus grand
de M. Spitzer : c'était M. André Homberg. On ignore
la conversation du second visiteur... mais la première avait suffi : le ministre des Finances de la
République française, le président du *Crédit foncier argentin*, le président du *Crédit foncier égyptien* était convaincu. La cause de M. Spitzer était

gagnée : le collaborateur le plus consciencieux, le fonctionnaire le plus rigide et le plus fidèle était sacrifié.

« Quelques minutes après ces visites, en effet, M. Luquet était, sans préambule, relevé de ses fonctions. »

Voilà donc quel était le pouvoir du vague métèque Spitzer, originaire des confins de l'Allemagne et de l'Autriche, sur un ministre des Finances français, en cette année 1913, précédant celle qui a vu éclater le sanglant conflit européen dans lequel la France a failli périr, ne cessons pas de le rappeler.

* * *

C'est une page d'histoire financière d'avant-guerre que nous venons d'esquisser à grands traits, c'est aussi un procès-verbal, non tissé de phrases, mais fait d'éclatante vérité. L'immensité du péril, la profondeur du danger, à peine entrevus, nous tracent à chacun l'effort à réaliser, le devoir à accomplir. Nous sommes tous responsables, a dit M. Louis Barthou, des destinées de la France ; restons fidèles, pour la défendre et la servir, à l'union que notre commun souci de son existence et de son honneur nous a imposée. Soyons uniquement du parti de la France. Il n'y a pas de plus sûr moyen de réparer le passé, de sauver le présent et de préparer l'avenir. Quiconque porte une idée de salut n'a le droit ni de se taire ni de parler bas. Parler bas, c'est se taire, se taire, c'est oublier, oublier, c'est trahir.

La France a été submergée, noyée, dissoute en quelque sorte par l'infiltration de l'élément étranger. Ce n'est pas seulement dans la vie économique qu'on en a ressenti les effets : nos croyances, nos traditions, nos souvenirs, nos habitudes, notre personnalité même de nation, tout s'en est allé à la dérive comme ces arbres déracinés qu'emporte une inondation impétueuse et soudaine.

Pour mieux nous gruger, pour mieux nous trahir, ces fourriers de l'invasion avaient non seulement accaparé une bonne partie de notre industrie et de notre commerce, mais, grâce à la naturalisation, ils s'étaient poussés dans nos administrations, ils occupaient des fonctions publiques. Nous avions la sensation de n'être plus chez nous.

Rome, en la période finale de son histoire, passa par la même crise et d'ailleurs en mourut. Les étrangers qu'elle avait fait entrer dans ses légions jouèrent chez elle le rôle que jouaient ces travailleurs de tous les pays qui étaient venus s'installer en France. A un moment donné, le Romain d'origine, le vrai Romain, fut aussi dépaysé dans l'Empire que nous commencions à l'être chez nous avant le grand nettoyage qu'impose la guerre.

C'est la Bourse qui avait été l'objectif le plus visé, parce que la Bourse, nous l'avons déjà dit, représente la force vive du pays. Dans la paix, elle est l'instrument de prospérité ; dans la guerre, l'instrument de puissance et de relèvement. Elle est, au plus haut degré, l'expression directe du crédit de la nation, auquel sont liées toutes les fortunes privées. Notre routine, notre incurie nous a fait négliger notre situation matérielle ; nous en éprouvons d'amers regrets. Plaise au ciel qu'ils soient la source de nos espérances, qu'ils nous contraignent à saper nos préjugés, tremper nos énergies, modifier nos méthodes. Plus longue et plus terrible aura été l'épreuve, plus splendide devra être le renouveau qui se lève sur la France. Méditons ces fortes paroles de M. André Paisant et appliquons-les aux choses concrètes de la finance : « La politique a été individuelle, il faut qu'elle devienne nationale ; aux étroites conceptions des intérêts des personnes doit se substituer le large courant des intérêts généraux. Ce n'est pas sur des formules qu'il faut se battre, mais sur des principes. Ce n'est pas sur des rêves que l'humanité peut évoluer, mais sur des réalités. Le jour où les groupements d'intérêts seront maîtres des élections, on sera bien près d'avoir un pays, où la politique des grandes affaires remplacera la politique des petites passions. »

N'essayons pas de nous mentir à nous-mêmes ; nous sommes tous coupables, à la mesure de pouvoir, d'autorité, de science, d'intelligence et d'argent que nous détenions. Il suffisait, dans notre pays, remarque Lysis, d'exprimer un certain souci de la sécurité nationale pour être aussitôt taxé de chauvin, appellation qui coulait irrémédiablement son homme en le classant dans la catégorie des cerveaux bouchés, imbus des préjugés d'autrefois... Ah ! ce pauvre Déroulède, était-il assez ridicule avec son Alsace-Lorraine, ses grands gestes, etc... Mais il n'empêche que c'est bien lui qui triomphe aujourd'hui du snobisme intellectuel et de l'infatuation populaire...

Le fracas des obus, les horreurs de l'invasion obligent, quoi qu'ils en aient, nos assembleurs de nues à reconnaître la naïveté du cri de Michelet : « La France déclarera la paix à l'Europe ». Détruisons toute la fausse idéologie ; moins que jamais il faut admettre la thèse stupide, d'après laquelle le peuple allemand, dans son ensemble, ne devrait pas être rendu responsable d'actes de barbarie imputables au seul parti militaire. Qu'on se le dise et qu'on se le redise : *le parti militaire c'est tout le peuple allemand.* Les socialistes, brûlant leurs drapeaux rouges devant la statue de Bismarck, ont éprouvé la même volupté pâmée du forfait de Reims que n'importe quel officier de von Kluck ou de von Bülow. Relisez avec soin le traité de Francfort ; vous y verrez écrit à chaque ligne, dans ces articles qui semblent dictés par un homme de finance, l'intention secrète de M. de Bismarck : solidariser l'armée avec le pays de telle sorte qu'elle ne soit plus que le prolongement de l'usine et du comptoir. Ce programme n'a pas connu de défaillance ; le soldat allemand fait partie intégrante de la firme nationale au même titre que les actionnaires et le directeur. L'intellectuel en fait partie aussi de cette firme. Armée et commerce sont là-bas des créations de la méthode ; et cette méthode, c'est l'œuvre des Universités de l'enseigner.

Écoutons encore M. Edmond Laskine, agrégé de l'Université : « La preuve est faite aujourd'hui de la solidarité absolue du peuple allemand tout entier avec le Kaiser et de la Sozialdemokratie tout entière avec le peuple allemand. En Allemagne aussi règne l' « union sacrée », non pas, à la vérité, pour la liberté des peuples, mais pour l'asservissement du monde à la tyrannie germanique.

« On peut le regretter, on doit le regretter. Il est déplorable que la Sozialdemokratie se soit déshonorée. Il est déplorable que, comme l'a dit Mussolini, elle ait tué l'Internationale ouvrière. Cela est déplorable, mais cela est. Le salut de la France *et l'avenir même du socialisme* que l'on ait le courage de voir et de dire la vérité, même si la vérité renverse nos illusions les plus chères, même si elle balaye nos rêves les plus généreux. Être dupe aujourd'hui, c'est être complice. »

Vous avez bien lu : être dupe aujourd'hui, c'est être complice ; aussi ne pouvons-nous nous empêcher de revenir encore une fois sur cette question capitale des aubains et des métèques. Combien de fois faudra-t-il répéter à de faux sourds qui s'obstinent à ne rien entendre, que les Boches naturalisés, sont de tous les Boches les plus dangereux. Leur amitié, leur sympathie, ils l'on conservée pour leur ancienne patrie ; leurs parents, leurs amis sont toujours là-bas et il faudrait trop de place et trop de temps pour citer les exemples de ceux qui, — depuis comme avant la guerre, — ont conservé des relations avec ces parents et ces amis.

Des Boches naturalisés restés Boches! Mais Paris en est plein, et si l'on veut connaître exactement leur mentalité, il n'y a qu'à se reporter à deux ans en arrière. Il fallait alors les voir, ces excellents nouveaux français, que l'on protège maintenant, il fallait les voir la mine souriante et triomphante, et la parole arrogante à mesure que von Kluck se rapprochait de Paris. Mais ceux qui prennent aujourd'hui leur défense et leurs intérêts n'ont pu les voir, ils étaient à Bordeaux. Depuis, l'attitude de ces Boches naturalisés est plus prudente, mais leurs sentiments n'ont pas changé pour cela.

Il faudra, nous dit encore M. Alfred Oulman que nous avons déjà cité, il faudra, quand la paix sera signée, quelles qu'en soient les conditions, que les Français s'entendent pour rendre impossible à un Boche le séjour de la France.

Il faut que les Français — au cœur innombrable et à la main fraternelle — qui auraient des relations avec les Boches sachent qu'ils encourent le mépris de tous les autres Français.

Nous avons tous eu un parent, un ami tué par les Boches ; nous avons tous des parents ou des amis prisonniers persécutés par les Boches. C'est à nous à nous venger nous-mêmes, et la plus cruelle vengeance après la guerre sera de fermer nos portes, toutes nos portes, aux Boches, qu'ils soient Boches de Bochie, Austro-Boches, Bulgaro-Boches ou Turco-Boches. Tous se valent, les atrocités que les uns ont faites dans le Nord, les autres les ont faites dans le Trentin, en Pologne, en Macédoine ou en Arménie, tous se valent, tous sont d'abominables crapules.

Mais, en attendant la fin de la guerre, nous devons dès maintenant cesser toutes relations avec les Boches naturalisés, qui ne se firent naturaliser que, pour les besoins de leurs affaires, ou pour mieux nous espionner.

Un Boche naturalisé qui s'embusque dans les bureaux ou des postes de tout repos, pendant que les Français de son âge sont au feu, n'a ni mérité ni gagné sa naturalisation. A bas tout ce qui est Boche ! A bas tout ce qui est né boche ! A bas tout ce qui a encore des parents, des amis, des intérêts en Allemagne ! L'heure des sentimentalités est passée, on ne fait pas de sentiment avec des brutes sauvages.

M. Pierre Baudin, un ancien ministre, qui semble se repentir, écrivait en janvier 1915 : « Plus de la moitié des banques opérant sur la place de Paris étaient allemandes, soit du fait de leurs gérants, soit du fait de leurs commanditaires ou même de leurs sous-participants. Un certain nombre, d'ailleurs, se sont faits naturaliser pour les besoins de la cause, comme bien on pense. On peut affirmer, sans crainte d'être démenti, que toutes les paniques qui se sont produites sur le Marché depuis plus de vingt ans ont été préparées et suscitées par les Allemands. La paix signée, nous aurons à faire face au même péril. Quelles mesures les pouvoirs publics prendront-ils alors ? »

Les mesures à prendre : boycotter les marchandises allemandes, expulser l'Austro-Boche, aubain ou naturalisé, installé chez nous comme négociant, usinier, boursier. Sur ce terrain déblayé, labourer et ensemencer, en y employant tout notre effort et toute notre intelligence. Accessoirement et concurremment surveiller sévèrement les opérations de Bourse, les constitutions de sociétés, les émissions de titres, les meneurs du Marché et astreindre impitoyablement les banques à remplir leur principal office de crédit. Du crédit! du crédit ! tel est en effet le cri de notre commerce et de notre industrie.

L'heure a donc sonné de rompre avec les anciens errements et de mettre enfin notre épargne au service de notre activité nationale. Il ne faut pas se lasser de le dire : tous les efforts des hommes de bonne volonté tendant à notre relèvement commercial seraient vains, toutes les espérances de voir notre France sortir de la formidable épreuve régénérée et prête à reprendre dans le monde une place prépondérante seraient déçues si nos grandes banques ne consentaient pas à se réformer radicalement, s'obstinaient à n'être que des intermédiaires largement rétribués entre les détenteurs de notre épargne et les pays étrangers en quête d'argent.

C'est pour préparer l'avenir qu'il importe de

mettre en lumière les erreurs et les fautes d'hier. Rappelons ce que disait dans un des banquets de la Chambre de commerce française de Londres notre ambassadeur en Angleterre, M. Paul Cambon :

« Une autre observation des fabricants français, qui mérite l'attention et qui doit être signalée aux pouvoirs publics, c'est l'extraordinaire difficulté qu'éprouvent nos commerçants et nos industriels à se procurer des capitaux. On ne peut imaginer une situation plus paradoxale : la France est le pays où il y a le plus de capitaux disponibles. Mais ils ne viennent pas à l'aide de notre producteur. Ils sont utilisés à favoriser les emprunts d'États étrangers, et, chose pire encore, à soutenir par l'escompte du papier de commerce circulant à l'étranger, les industries étrangères... Nos fabricants ne peuvent ni assurer à l'exportation leurs services de banque, ni étendre leurs affaires. »

Quel sera donc le devoir des banques après la guerre, des grands établissements financiers qui ont fait peu à peu disparaître les petites banques et sont devenus ainsi nos seuls instruments de crédit? Ce devoir, je le trouve résumé dans les conseils suivants qu'un banquier, il y a quelques années, adressait à ses confrères :

« Nous estimons que le rôle des banques est de favoriser de toutes leurs forces le développement de l'industrie nationale et d'aider l'esprit d'entreprise.

« Les banques doivent, tant à l'intérieur qu'à l'étranger, favoriser l'exportation des produits du pays et faciliter les relations de l'industrie nationale avec le Marché financier.

« Elles ont le devoir de fournir des capitaux disponibles à ceux qui, dans les diverses branches de l'industrie, peuvent en avoir besoin : elles doivent avant tout fortifier l'activité industrielle. »

L'homme qui donnait ces conseils excellents était un Allemand ; c'était le rapporteur de la *Darmstädter Bank*. Et parce que ces conseils étaient entendus, parce que tous les banquiers allemands s'efforçaient de favoriser le développement de l'industrie allemande et d'aider l'esprit d'entreprise, l'Allemagne, sur tous les marchés du monde, s'imposait de plus en plus au détriment de ses concurrents. Et, constatation cruelle, cet argent que les banques allemandes mettaient avec autant de prodigalité que de méthode à la disposition des producteurs et des commerçants de leur pays, c'était dans notre bas de laine français qu'il était en partie puisé. Peu ou point de crédit pour nos producteurs et nos commerçants. En revanche, crédit large, crédits toujours ouverts pour les producteurs et les commerçants allemands. Combien M. Paul Cambon avait raison : nulle situation ne fut jamais aussi paradoxale que celle de la France. Sans doute, cela va finir ; il n'est pas possible que cela ne finisse pas.

Dans notre premier chapitre, nous avons dit combien la politique financière extérieure de la France était effacée depuis de longues années. Nous allons faire un rapprochement entre les deux méthodes d'expansion économique, la française et l'allemande, en prenant pour exemple ce qui se passait en la pauvre Belgique en 1914.

L'Empire germanique et la République française, les deux grands voisins de la petite mais si industrieuse Belgique, avaient, tous deux, des représentants officiels accrédités auprès du Roi des Belges. Traités par le gouvernement de Bruxelles sur un prix de parfaite égalité et, chose qui n'était pas toujours aussi aisée qu'on le croit, les deux grands États rivaux étaient représentés de la même façon : un ministre plénipotentiaire à Bruxelles, un consul général à Anvers, et des consuls, ou vice consuls, dans chaque centre important. Les deux ministres plénipotentiaires sont des diplomates de carrière. Leur rôle est bien défini, et c'est surtout la politique qui en fait les frais. Nous ne nous y arrêterons pas.

Restent les consuls généraux. Tandis que le consul général français à Anvers est un diplomate, des plus distingués certes, mais fonctionnaire de carrière, le consul allemand est un homme d'affaires. N'est-ce pas aux consuls généraux, en effet, que ressortent toutes les affaires du domaine économique financier, industriel ou commercial ? Alors à quoi bon un diplomate, alors que le premier commerçant venu fera bien mieux l'affaire du pays qu'il représente ?

Tandis que le consul de France, fonctionnaire susceptible d'avancement et par conséquent de déplacement, se considère comme « de passage », le consul allemand est installé à demeure. Non seulement il n'attend pas une nomination, qu'il ne désire point et qui l'enverrait en des pays lointains, mais encore il prend à cœur de représenter le mieux possible les intérêts qui lui sont confiés, parce que ce sont les siens propres.

Tandis que le consul de France est nécessairement un étranger, inapte à faire partie de conseils d'administration ou à représenter des entreprises de son pays, le consul allemand, au contraire, s'installe, se mêle à la vie du pays dans lequel il s'implante, groupe sous son autorité des Sociétés germaniques, aide à développer les affaires de celles-ci et, pour cela, n'hésite pas à participer à des entreprises belges auxquelles il apporte et des capitaux et l'appui de son pays, sous la haute égide du pavillon impérial allemand !

Précisons ! Alors que la France avait, comme consul général dans la métropole anversoise, un très distingué diplomate, M. Crozier, l'Allemagne avait choisi M. H.-A. von Bary, dont les bureaux du 23 place de Meir, abritaient non seulement le consulat général, mais encore le siège anversois de la *Nordeutscher Lloyd*, la plus grande compagnie de navigation et aussi une grande quantité de Sociétés belgo-allemandes.

M. H.-A. von Bary ne représentait donc pas seulement l'Allemagne, mais encore il dirigeait l'agence de la *Norddeutscher Lloyd* et administrait, quand il ne les présidait pas, dix-huit Sociétés diverses.

En voici la liste :

Société Anversoise de Recherches minières au Katanga ; Banque Belge de Prêts fonciers ; Société Commerciale et Financière Belge ; Compagnie Belgo-Argentine de Chemins de fer ; Compagnie rurale Anversoise ; Crédit Foncier Belgo-Suisse du Mexique ; Compagnie Foncière Belgo-Argentine ; Compagnie Foncière Belgo Canadienne ; L'Industrielle Belge ; Produits Kemmerick ; Société Générale Belge Argentine ; Compagnie Commerciale Belge H. A. von Bary ; Alliance Anversoise ; Belgo-Canadian Fruits Lands ; Compagnie Immobilière et Agricole au Canada ; Société Hypothécaire du Canada ; Industrielle et Pastorale Belga-Sud-Américaine ; Mutualité Anversoise.

C'est beaucoup, mais là ne s'arrêtait pas l'activité de H.-A. von Bary. Par ses fils, neveux, frères et cousins, il participe à d'autres entreprises ; son fils, Albert von Bary, est commissaire de *la Banque d'Anvers* ; Carl August von Bary est administrateur-délégué de l'*Internationale de Construction* et commissaire des *Entreprises au Mexique;* L. Mariano von Bary est administrateur de l'*Alliance Pastorale,* de la *Société Belge de Crédit Foncier* et du *Crédit foncier sud-américain ;* Théodore von Bary préside aux destinées de la *Sucrière de Tucuman* et, enfin, E. von Bary est vice-président de la *Société Suisse de Banque et de Dépôts,* présidée par M. le baron Hély d'Oissel, également administrateur de la *Banque de Paris* et collègue des métèques Thors, Finaly, Turrettini, Nœtzlin.

Parmi les membres du conseil d'administration des diverses Sociétés que préside, pour la plupart, H.-A. von Bary, figurent de notables personnalités financières belges et ainsi Von Bary pénètre dans tous les milieux, exerce son influence un peu partout. Par M. Gevers, il touche la *Banque d'Anvers ;* par M. le baron Van Eetvelde, il pénètre à la *Banque de Bruxelles* et à la *Société Belge de Crédit Industriel et Commercial*, que préside M. de Monplanet et qui est une filiale du *Crédit Industriel et Commercial* de Paris : par M. Frédéric Jacobs, il s'installe à la *Mutuelle de Tramways* et surveille les *Tramways de Dunkerque et de Calais*. Enfin, par ses parents, il s'abouche avec la *Banque de Reports, de Fonds publics et de Dépôts.*

La toile était-elle bien tissée ? L'araignée allemande étendait-elle bien ses réseaux, couvrait-elle assez la Belgique et tendait elle suffisamment à s'emparer d'une partie de l'activité industrielle et bancaire française. Remarquons la méthode qui a présidé à cette campagne si habilement menée.

Dans les bureaux de la place de Meir, à Anvers, le consul général d'Allemagne, le représentant de la puissante *Norddeutscher Lloyd* ne font qu'un, c'est von Bary. Pour les actionnaires des sociétés qu'il administre, von Bary a traduit sa particule en français et il est devenu M. de Bary ! N'est-ce pas splendide comme sentiment commercial et pratique ?

Mais ce qu'il convient d'admirer sans réserve, c'est que la plupart des sociétés que préside ou qu'administre le consul général d'Allemagne sont des entreprises situées en Amérique, soit au nord, soit au sud, et que celles-ci fournissent à la *Norddeutscher Lloyd* un trafic intense et exclusif.

En participant à la création et à l'administration de ces dernières, von Bary a, au moyen de capitaux belges ou français, apportés par l'intermédiaire des banques avec lesquelles il est en gentillesse, assuré à la puissante société de navigation allemande un développement certain et des recettes abondantes.

Et sous le portrait en pied de S. M. Wilhelm II, Empereur et Roi, qui décore la grande salle du Consulat général, où se tiennent les séances du conseil d'administration et les assemblées d'actionnaires des quinze sociétés qu'il préside, sans compter celles qu'il administre, von Bary peut sourire avec satisfaction et se dire qu'il a bien travaillé pour ses intérêts personnels et pour ceux de la plus grande Allemagne, sa puissante patrie. A l'heure qu'il est, M. von Bary doit être satisfait de son œuvre.

*
* *

Donc, une des premières conséquences du sanglant conflit déchaîné le 2 août 1914, doit être de donner le signal d'une reprise de possession de nous-mêmes. Il faut remettre la France aux mains des Français. Qu'on le remarque : nous parlons au présent ; car c'est immédiatement qu'il faut agir. Et que faut-il pour atteindre ce but ? C'est Léon Daudet qui va nous le dire :

« Une presse absolument indépendante des puissances d'argent sera une des premières conditions, sinon la première condition, du relèvement du pays après la guerre, car,-avant la guerre, l'asservissement de la presse française aux puissances d'argent, donc internationales, commençait à marcher grand train, ainsi que l'avait annoncé Maurras dans son livre fameux, *l'Avenir de l'Intelligence*. Tirant parti de cette situation, la Banque allemande, représentée à Paris par un redoutable consortium de financiers et d'industriels, avait réussi à mettre la main sur tel organe, à s'insinuer dans tel autre. J'en avais le pressentiment, mais je n'en eus la certitude que devant l'organisation systématique du silence autour de notre campagne contre l'espion-envahissement allemand et devant les procédés employés pour la défense à tout prix de la *Maggi Kub*.

« Le clan des Ya était et est demeuré une puissante réalité. C'étaient les membres de ce groupe qui s'étaient chargés d'obtenir des principaux journaux parisiens une attitude discrètement silencieuse sur la pénétration allemande sous toutes ses formes et tous ses masques, sinon favorables au rapprochement franco-allemand.

« Derrière le clan des Ya, le sustentant et l'alimentant, se tenaient, comme je l'ai raconté, avec atténuation, dans *la Vermine du Monde*, des banquiers et industriels allemands ou pro-allemands : la banque Allard, de la place de la -Bourse, Emil Ullmann, alors directeur tout-puissant du *Comptoir d'Escompte*, Oliven, les Gebrüder Merzbach, Rosenberg, Lucien Baumann, Louis Dreyfus, Arthur Spitzer, Tyssen et son groupe, Thurnauer et son groupe, Ernst Schmid représenté par le Suisse Soutter, Jellineck dit Mercédès, et combien d'autres ! Tout ce monde s'était partagé la besogne et la carte de France, en vue de l'invasion imminente, et avait fait en sorte de s'assurer la neutralité bienveillante, en attendant mieux, des feuilles dites de grande information et de quelques autres.

« Dans certains endroits, il y avait eu de la résistance. Mais on n'imagine guère Henri Letellier, alors directeur de ce *Journal*, qu'a restitué à l'intérêt français Charles Humbert, faisant une grande résistance à la pression de la fripouille Charles Legrand, agent lui-même de l'espion Soutter, à la pression de la publicité *Osram*, de la publicité Jellineck et du groupement carrément boche qui lui imposa le « circuit de Berlin », à la pression de Geissler, de Reuscher et des grands hôtels de l'Etoile ou d'Évian, à la pression d'Emil Ullmann et de la bande des Théodore Mante. On n'imagine guère Arthur Meyer, directeur du *Gaulois*, ordonnant en 1912, à son administrateur Schmoll, à « M. Schmoll », de jeter dehors par les épaules tout donneur de publicité suspecte d'une société boche, austro ou suisso-boche, de précipiter, dans les escaliers de la rue Drouot, Richard

Heller, Jellineck ou Eskens dit « de Fresnoy », alors administrateur en fait de l'Opéra de Paris... »

* *
*

A la vérité, une presse honnête, sincère. est l'organisme qui fait le plus défaut à la France. Les manœuvres de la *Banque de Paris*, si contraires à l'intérêt national, furent de tout temps couvertes par la conspiration d'un silence savamment organisé et adroitement entretenu.

Déjà nous voyons sourire les esprits forts. D'un air entendu, ils narguent malicieusement : « Hé ! hé ! que n'a-t-il parlé plus tôt celui qui tient ici la plume ? » La collection de notre journal financier est là pour attester le bon combat mené par nous, mais on n'ignore pas combien la parole d'une aussi modeste personnalité que la nôtre pesait peu dans le concert de louanges, devant le mutisme admiratif de l'unanimité de la presse, grande ou petite. Nous n'étions pas seulement la voix clamant dans le désert, nous étions surtout une variété de Zoïle médiocre, le grincheux empêcheur de vol... tiger en rond, que l'on classait dédaigneusement et irrémédiablement, comme nous l'avons dit au chapitre premier, dans la célèbre et tapageuse *Schola cantorum* que la comédie musicale de Wagner fait opérer à Nuremberg. Suprême insulte à notre endroit, et seul argument à nous opposer ! Vendu ou à vendre, quiconque essayait une timide critique à l'égard des puissances d'argent.

Puis, nous en faisons l'aveu. Nous nous en accusons. Nous étions désarmé, confondu, impuissant. Notre vue était embrumée par la façade et par la réclame. Quand l'idée nous prenait de foncer sur les dieux de carton, de dénoncer, avec plus d'énergie encore, l'abus ou le scandale, nous étions pris de doute.

Les savants, les professeurs en Sorbonne, disaient avec respect : Kant, Leibnitz... Ils restaient inclinés devant Gœthe, plagiaire incomparable, devant Schiller, rêveur dangereux.

Et nous, nous nous prenions à dire : « Mais, tu dois te tromper, tu te trompes. Vois autour de toi. Les économistes distingués, les publicistes financiers en renom se taisent, admirent ou louangent. Les Neymarck, Vidal, de Saint-Albin, Edmond Théry, Leroy-Beaulieu, Kergall, Yves Guyot, et tant d'autres composant l'aréopage de la presse économique et financière, se permettent-ils des critiques, tes aînés, eux, qui vivent depuis longtemps au milieu des documents, des textes, des statistiques ? Eux enfin qui sont gens de science, vieillis sous le harnois et, pour tout dire, gens considérés et considérables... »

* * *

Si nous osions nous permettre une timide remarque, une humble observation, nous dirions aux grands-prêtres de la presse financière : « L'erreur, de la veille, autorise-t-elle le silence d'aujourd'hui ? Regardez : derrière les financiers teutons et leurs séides, est venu le reître, torche et poignard en main. La Belgique envahie, notre sol profané, le *Lusitania* torpillé, Miss Cavell assassinée, des femmes éventrées, des fillettes souillées, des enfants égorgés, des vieillards fusillés, les Serbes exterminés, des otages massacrés, nos prisonniers affamés, nos concitoyens déportés, les villes ouvertes bombardées, est-ce que tout ça ne compte pas un peu ? »

Très peu sans doute. En voici la preuve.

Dans le courant de 1915, décédait M. Derua, sous-directeur de la *Banque de l'Union Parisienne*, chargé des relations entre cette banque et la presse financière. On lui donna pour successeur, devinez qui ? Un métèque austro-boche, répondant au nom harmonieux d'Oskar Lutzkartein, né à Vienne (Autriche), le 4 mars 1866. Et alors on vit ce spectacle inoui, et fort écœurant : tous les grands publicistes financiers français — sauf deux exceptions connues de nous, M. Jules Vidard et notre Journal — allant quémander la manne distribuée par un Boche, se vautrant aux pieds d'un sujet du hideux François-Joseph pour implorer la sportule. Ah ! comme ils doivent rire des pontifes de la presse financière, les exotiques installés dans nos banques, retranchés derrière nos comptoirs, occupant les places de nos nationaux qui souffrent, luttent et meurent...

* *
*

Nous eussions préféré que d'autres, mieux quali-
fiés, prissent l'initiative que nous avons assumée
avec la seule ambition de servir. Nous déplorons que
les collectivités morales, comme l'*Association de la
Presse économique et financière*, et leurs chefs autorisés, semblent de moins en moins disposés à recou-
vrer le sens des hiérarchies de pouvoirs, et pas
davantage celui des hiérarchies de devoirs. Nous
sommes descendu dans la lice ; nous n'avons pas
hésité à braver des hostilités ; nous n'avons pas
craint de nous en prendre rudement à des abus, à
des préjugés, à des méthodes dont la France est
menacée de périr. Ne retenant que les actes ou les
résultats, nous n'avons eu nul souci des personnalités et des étiquettes.

Ayant horreur des généralités et des déclamations
sans portée, nous avons nommément désigné quiconque pouvait illustrer notre démonstration. Nous
avons dédaigné les insinuations vagues, qui attei-
gnent tout le monde et ne touchent personne et nous
leur avons substitué des précisions palpables et
contrôlables. Mais qu'on le sache bien : nous
n'avons d'autres ennemis que ceux de la vérité
et de la patrie.

Pour être typique et exorbitant, l'exemple de la
Banque de Paris et des Pays-Bas, pris comme réalité objective dans ce volume, n'est pas isolé. Il est

la partie marquante d'un tout convergeant vers le même but ou aboutissant au même résultat : l'affaiblissement économique de notre pays et l'ouverture de nos frontières aux invasions périodiques, systématiques, répétées, et inévitables si nous ne revisons pas nos opinions, ne modifions pas nos méthodes, ne rectifions pas nos mobiles, ne régénérons pas nos mœurs, en nous désintoxiquant le cœur et le cerveau, en nous appliquant aux grandes réalités sociales. Selon le mot de Léon Daudet, il faut s'appliquer à la guerre totale, à la guerre financière, commerciale, industrielle et intellectuelle. Il ne servirait à rien, dit M. Laskine, de vaincre l'Allemagne sur les champs de bataille si nous n'étions capables de vaincre aussi le germanisme dans les esprits. Il ne faut pour cela, après tout, qu'un peu de bon sens, de bonne foi et une minime partie de ce courage dont les fils de la France donnent tous les jours des preuves héroïques dans les tranchées.

*　*　*

M. Georges Deherme, esprit éclairé, sociologue loyal, en même temps qu'écrivain de mérite, a édité une excellente brochurette de circonstance : *le Devoir de servir et de militer...* où la qualité de la pensée fait place à l'abondance de la phrase. C'est un précieux opuscule, où chacun, à notre exemple, aurait profit à glaner ; il débute par un exorde qui est comme le *mane, thecel, pharès* que l'on souhaiterait de voir tracé, indélébile, sur les murs de la cité tout entière :

« En moins d'un demi-siècle, notre sol a été envahi deux fois. Français, il y faut réfléchir ».

Faisons diligence, activons la besogne. Soyons les bons ouvriers. Sans tarder, remettons de l'ordre dans la maison. A tout jamais, fermons en la porte à l'ennemi héréditaire, à la horde barbare.

Tessé, septembre 1916.

APPENDICE

LEURS CRIMES

LEURS CRIMES

Il s'est constitué à Nancy, la *Ligue du Souvenir* dont le comité d'action est composé de MM. L. Mirman, préfet de Meurthe-et-Moselle ; G. Simon, maire de Nancy ; G. Keller, maire de Lunéville ; dont le but est de faire connaître les crimes commis par les Boches en France et en Belgique ; dont le mode d'action est de répandre à des centaines de milliers d'exemplaires une brochure intitulée **Leurs Crimes.**

Lisez et faites lire! recommande le comité de patronage ; il nous a paru que la reproduction d'un tel document ne pouvait trouver meilleure place qu'à la fin d'un ouvrage consacré à l'œuvre des boches d'affaires en France et à celle de leurs collaborateurs conscients ou inconscients.

Les faits cités dans cette brochure sont puisés aux sources suivantes : 1° les quatre rapports de la Commission d'enquête française (1) et *les Violations*

1. Cette Commission est composée de MM. G. Payelle, premier président de la Cour des comptes ; A. Mollard, ministre plénipotentiaire; G. Maringer, conseiller d'État; E. Paillot, conseiller à la Cour de cassation. — Rapports et procès-verbaux, t. I, II, III et IV. Imprimerie Nationale.

des lois de la guerre par l'Allemagne, publié par notre ministère des Affaires étrangères : 2° les deux volumes contenant vingt-deux rapports de la Commission belge (1), et *la Réponse au Livre Blanc allemand du 15 mai 1915*; 3° *les Carnets de route* trouvés sur un grand nombre de soldats, sous-officiers ou officiers allemands blessés ou prisonniers, et traduits sous les auspices de notre Gouvernement ; ces documents précieux, où les bandits et leurs chefs ont eu l'imprudence de laisser échapper des aveux, sont de véritables « pièces à conviction. »

Il importe donc qu'après avoir appris, dans les pages qui précèdent, comment les hommes d'affaires teutons ont mené la guerre économique, on apprenne dans les pages qui vont suivre, de quelle façon les Boches ont fait la guerre armée.

ILS ONT VOLÉ

Ne nous attardons pas au pillage des caves, des garde-manger, des basses-cours, du linge, de tout

1. La Commission, composée des plus hautes personnalités belges, est présidée par M. Van Iseghem, président de la Cour de cassation. Ses rapports, ainsi que *la Réponse au Livre Blanc*, ont été édités par la maison Berger-Levrault; il en est de même des *Carnets de route* (J. DE DAMPIERRE) et des *Paroles allemandes*. Les *Crimes allemands d'après des témoignages allemands*, par J. BÉDIER, chez Colin.

ce qui peut être consommé sur place ou immédiatement utilisé par les troupes : peccadilles.

Écartons le pillage, organisé en grand par l'administration, de toutes les matières, de l'outillage industriel ; ce compte, qui sera réglé, s'élèvera à plusieurs milliards.

Laissons les vols officiels effectués par les gouverneurs des places ou des provinces dans les caisses municipales (1), généralement sous forme d'amendes ou contributions imposées aux villes sous des prétextes misérables : là encore il y aura des millions à rendre.

Ne parlons ici que des *vols personnels*, distincts du chapardage de soldats affamés, distinct aussi de la mise en coupe réglée du pays conquis par une administration sans scrupule. Ces vols sont innombrables, accomplis tantôt par de simples soldats, souvent par des officiers, des médecins, de hauts personnages. Quelques exemples :

Soldats voleurs. — Ils ont la main plus dure et tuent ceux qui résistent. C'est « la bourse ou la vie » !

Mme Maupoix, soixante-quinze ans, à Triaucourt, est tuée à « coups de botte » pendant qu'on dévalise ses armoires. — M. Dalissier, soixante-treize ans, à Congis, est sommé de remettre son porte-monnaie ; il déclare qu'il n'a pas d'argent ; ils le ligotent avec

1. Ils ont volé jusqu'à la caisse de la Croix-Rouge de Bruxelles.

une longe à bestiaux et le fusillent de quinze balles dans le corps...

Passons vite sur ces soldats voleurs : menu fretin.

Officiers voleurs. — A Baron, un officier force le notaire à lui ouvrir son coffre-fort, y vole bijoux et argent ; un autre, après qu'il a visité plusieurs maisons, est vu portant au bras et aux doigts six bracelets et neuf bagues de femmes ; quand les soldats apportaient à leur chef un bijou volé, ils recevaient une prime de quatre marks.

Le pillage est « dirigé » par les officiers à Baccarat, à Creil... A Creil, un capitaine veut contraindre Guillot et Demonts à lui indiquer les demeures des plus riches propriétaires ; leur refus leur vaut de durs sévices.

A Fossé, l'aide-major français Bender, dirigeant une ambulance de deux cents malades et blessé lui-même, est arrêté, mené devant un capitaine ; celui-ci lui déclare qu'il va le faire fusiller ; en attendant, il ouvre lui-même la tunique du médecin prisonnier, en sort un portefeuille et y vole les 400 francs qu'il y trouve.

Officiers et soldats se partagent parfois l'argent volé. Relevons sur le carnet d'un lieutenant titré de la Garde cette note : « Fossé. Village entier incendié. La 7ᵉ compagnie fait 2.000 francs de butin. » Sur un autre carnet d'officier : « Plus de 3.000 francs de butin au bataillon. » Nous trouvons sur un carnet, après pillage, le compte détaillé de la distribution :

« 46o francs au lieutenant en premier, 39o francs au sous-lieutenant », etc...

Médecins voleurs. — A Choisy-au-Bac, deux médecins, portant le brassard, pillent eux-mêmes la maison Binder. — A Château-Thierry, des médecins sont faits prisonniers ; on ouvre leurs cantines, elles sont remplies d'objets volés. — Après Morhange, un médecin français du 20e corps reste dans les lignes allemandes près de ses blessés ; il est abordé par un « confrère » allemand qui, de ses propres mains, lui vole sa montre et son portefeuille (1). Écoutez ceci :

A Raon-sur-Plaine, après le recul de nos troupes, le Dʳ Schneider reste avec trente malades. Le lendemain arrive avec une ambulance allemande le professeur Vulpius, savant allemand considérable, de l'Université d'Heidelber, qui a dû présider maints congrès internationaux de chirurgiens. A peine installé, « Herr Professor » déclare à ses confrères français qu'il va « procéder à une petite formalité dont il a l'habitude ». La formalité est simple : il s'agit, pour les confrères, de lui remettre « tout l'argent qu'ils ont sur eux ».

« Je protestai énergiquement, — dépose sous serment le docteur français, — mais nous dûmes nous exécuter et lui donner nos porte-monnaie, contenant

---

1. Nous n'avons pas trouvé ce fait dans les rapports de la Commission ; il nous a été affirmé. dès son retour de captivité, par le Dʳ Marlier, du 20 corps, fait prisonnier à Morhange et qui est l'honneur même.

et contenu. Après nous avoir ainsi soulagés, il se dirigea vers nos pauvres blessés qui, tous, furent fouillés et dépouillés de leur argent. Il n'y avait rien à faire ; nous étions en présence non d'un médecin mais d'une horrible brute... »

Altesse voleuse. — Après avoir séjourné une huitaine de jours dans un château du pays de Liége, S. A. I. le prince Eitel-Fritz, le duc de Brunswick et un autre seigneur de moindre importance font emballer sous leurs yeux, pour les expédier en Allemagne, toutes les robes qu'ils peuvent trouver dans les armoires de la châtelaine et de ses filles.

Ces voleurs sont souvent *facétieux* : ils remettent, comme fiches de consolation, aux gens qu'ils dévalisent, de prétendus reçus ou bons de réquisition, en allemand bien entendu, et qui en français, veulent dire : Bon « pour cent coups de fouet », ou « pour deux lapins », ou « pour être fusillé », ou « payables à Paris »...

Ces voleurs sont *dégoûtants* : dans les maisons où ils ont volé ils laissent comme cartes de visite des excréments dans les lits, sur les tables, dans les armoires.

Ces voleurs sont parfois *sadiques :* dans un village du Limbourg ils brûlent dans une écurie un étalon valant 5o.ooo francs, et « forcent le fermier, sa femme et ses enfants à assister à ce spectacle, à genoux et les bras levés ». — Dans la foule de malheureux emmenés de Louvain sur Bruxelles se trouvent treize prêtres ; les soldats d'un poste allemand arrêtent la colonne, en font sortir les prêtres ; va-t-on les fusiller ? Non, ils les contraignent à entrer dans une porcherie dont ils ont chassé l'unique porc. Au préalable, ils forcent la plupart d'entre eux à enlever tous de leurs vêtements, et ils les dépouillent de leurs valeurs et objets précieux.

Ces voleurs sont *pratiques :* à Dinant, les coffres-forts sont éventrés au moyen de chalumeaux oxhydriques apportés tout exprès. Ils ont une prédilection pour les coffres-forts ; l'histoire de Lunéville mérite d'être contée :

Ils incendient, près de la gare, la maison Leclerc. Les murs seuls restent debout, et sur l'un d'eux, au deuxième étage, un coffre-fort demeure scellé. Le sous-officier Weill, avec une équipe, fait sauter le mur à la dynamite, le coffre-fort ramassé dans les décombres est porté à la gare, chargé sur un wagon et expédié en Bochie. Ce Weill, avant la guerre, venait très fréquemment à Lunéville pour son commerce de houblons, y était bien accueilli, faisait l'aimable, connaissait tout le monde : quand les Boches s'installèrent dans la malheureuse cité, il y joua, en dépit de son grade modeste, un rôle fort important : agent, homme de confiance et guide de la Kommandantur.

Pratiques aussi se montrèrent les voleurs pour l'organisation des transports : voitures, fourgons militaires, camions, autos. A Compiègne, où la maison Orsetti est mise à sac, argenterie, bijoux, objets précieux sont amenés dans la cour du château, vérifiés, enregistrés, emballés, « chargés dans deux voitures sur lesquelles on a soin de placer le drapeau de la Croix-Rouge ».

Nous lisons dans le carnet d'un soldat boche blessé, soigné dans un hôpital de Bruxelles : « Une auto arrive à l'hôpital ; elle apporte du butin de guerre : un piano, deux machines à coudre et toutes sortes d'autres choses ».

En 1870, nos pendules faisaient prime ; cette fois les pianos sont très recherchés ; il en a été expédié là-bas un nombre incalculable, c'est l'article réclamé par les dames boches. Dans un château repris par nos troupes, un officier oublie une lettre de sa femme, on y lit : « Mille remerciements pour les belles choses que tu m'as envoyées. Les fourrures étaient magnifiques. Le meuble en bois de rose est exquis. Mais n'oublie pas qu'Elsa attend toujours son piano. »

Ces dames n'ont pas toujours, comme Elsa, la patience d'attendre ; elles viennent souvent faire elles-mêmes leur choix et présider à l'emballage : on les a vues, arrivant en auto de Strasbourg ou de Metz, dans maintes villes de Lorraine, à Lunéville, à Baccarat, ailleurs.

Il n'est pas de carnet où l'on ne puisse cueillir des notes comme celle-ci :

« Razzié en masse et à foison. » « Tout détruit ou pillé. » « Nous pillons ferme. » « Joué du piano. Pillons ferme. » Cette formule, bien allemande, revient souvent : « Pillé *avec application*. »

De ces carnets ceci encore :

« Nous avons reçu la permission de piller ; on ne se l'est pas fait dire deux fois : des ballots entiers... »

« Rethel... Les Vandales ne pouvaient faire mieux (1). »

« Courcy... Le village et les maisons d'ouvriers pillés et saccagés. Atroce. Il y a pourtant quelque chose de vrai dans ce qu'on va disant des Barbares allemands. »

« Ottignies... Le village a été pillé. La brute blonde s'est montrée telle qu'elle est. Les Huns et les lansquenets du moyen âge n'auraient pu faire mieux. »

« Cirey... Dans la nuit il s'est passé des choses incroyables : magasins pillés, argent volé, viols ; simplement à faire dresser les cheveux sur la tête. »

ILS ONT INCENDIÉ

Pour punir de crimes imaginaires les particuliers ou les communes, ou sans prendre la peine de donner un prétexte quelconque, le plus souvent après le

---

1. L'officier qui laisse échapper cet aveu et qui paraît protester contre les vols commis, écrit d'ailleurs à la page suivante : «. . J'ai trouvé là un manteau imperméable en soie et un appareil photographique pour Félix. »

pillage et *pour en faire disparaître les traces*, ils ont incendié.

Parfois, comme à Courtacon, ils exigent que les habitants fournissent eux mêmes des fagots pour brûler leurs propres maisons ; ou même, comme à Recquignies, ils forcent des prisonniers « à mettre le feu aux maisons du médecin et du maire avec de la paille enflammée » Mais, en général, ils opèrent eux-mêmes. Ils ont un *service spécial* et tout un matériel incendiaire soigneusement préparé : torches, grenades, fusées, pompes à pétrole, baguettes de matière fusante, sachets remplis de pastilles composées de poudre comprimée très inflammable, etc... La science allemande s'est appliquée à perfectionner la technique de l'incendie. Le feu est mis au village avec une méthode savante. Les incendiaires agissent froidement, en service commandé, comme pour un exercice parfaitement réglé d'avance et mis au point.

Bien entendu, le feu une fois déchaîné, il faut veiller à ce qu'il fasse son œuvre ; donc ou, comme à Louvain, ils détruisent les pompes et les échelles de sauvetage, ou, comme à Namur, ils arrêtent les pompiers au moment où ceux-ci s'apprêtent à faire leur devoir.

Ils détruisent ainsi volontairement tantôt des groupes de maisons (Lunéville...), tantôt des parties entières de communes (105 maisons à Senlis, 112 à Baccarat...), tantôt presque toute la cité (plus de 300 à Gerbéviller, 800 à Sermaize, 1.290 à Dinant,

1.800 à Louvain (1)...), tantôt enfin, ils ne laissent pas une maison debout (Nomeny, Clermont-en-Argonne, Sommeilles...).

Le bilan des maisons — chaumières, fermes, maisons bourgeoises, usines ou châteaux — qu'ils ont ainsi incendiés volontairement, à la main, sera formidable ; on le chiffrera par *dizaines de milliers* (2).

Les raffinements de cruauté sont fréquents : à Aerschot « les femmes doivent assister au spectacle de l'incendie en tenant les bras en l'air ; leur supplice dura six heures ». A Crévic, ils commencent leur sinistre besogne en mettant le feu au château qu'ils savent appartenir au général Lyautey ; la troupe, commandée par un officier, réclame à grands cris Mme et Mlle Lyautey « pour leur couper le cou. »

Les maisons qu'ils incendient ne sont pas toujours vides : à Maixe, M. Demange, blessé aux deux genoux, se traîne et tombe dans sa cuisine ; ils mettent le feu à la maison et empêchent par la force Mme Demange de porter secours à son mari qui périt dans les flammes. A Nomeny, Mme Cousin, après avoir été fusillée, est jetée et rôtit dans le brasier ; à Nomeny également, M. Adam est jeté

1. Ils ont détruit par le feu la bibliothèque de Louvain, ses 200.000 volumes, ses incomparables richesses. Par leurs obus ou leurs incendies, par le fer et le feu, ils ont ici meurtri, là totalement détruit des merveilles d'art qui faisaient partie intégrante du patrimoine humain : notre cathédrale de Reims, Arras, Ypres...

2. La Belgique à elle seule en compte environ 20.000.

vivant dans le feu. Marquons ici, à leur actif, un acte d'humanité relative : le malheureux ne brûlant pas assez vite, ils l'achèvent dans les flammes à coups de fusil.

A Monceau-sur-Sambre, où ils brûlent trois cents maisons, ils enferment les deux frères S... dans un hangar où les malheureux sont brûlés vifs (1).

Les carnets sont remplis de ces descriptions d'incendies ; citons-en quelques uns :

« ... Retour par Mazerulles qui est incendiée au passage parce que le génie y a trouvé un téléphone relié aux Français. »

« ... Le village entier était en flammes. Tout est détruit dans la rue sauf une petite maison : devant la porte une pauvre femme avec ses six enfants, les mains en l'air pour nous demander grâce. Et chaque jour c'est la même chose. »

« ... Parux. Le premier village incendié (en Lorraine le 10 août) ; après, la danse a commencé ; les villages l'un après l'autre aux flammes. »

Celui-ci constate seulement : « Sommepy... Horrible carnage. Le village entièrement brûlé ; les Français jetés dans les maisons en flammes, les civils brûlés avec tout le reste. »

Celui-là évoque des souvenirs de théâtre : « Le village flambe... Je pense à l'embrasement du Walhalla dans *le Crépuscule des Dieux.* »

1. Ce fait est cité dans le beau livre du commandant A. DE GERLACHE : *la Belgique et les Belges pendant la guerre* (Berger-Levrault, éditeurs).

Voici un poète : « Les soldats dressent à leur plaisir le Coq rouge (l'incendie) sur les maisons. » Et ce poète s'émeut, parle du « pur vandalisme » de ses compagnons d'armes.

Et un musicien : « Lancement de grenades incendiaires dans les maisons. Le soir, choral militaire : *Nun danket alle Gott!* (Maintenant, remerciez tous Dieu ») !

Ce Bavarois, pour finir : « Le village (Saint-Maurice, Meurthe-et-Moselle) fut encerclé, les hommes à un mètre les uns des autres, de sorte que personne ne pouvait sortir. Puis les uhlans mirent le feu, maison par maison. Ni homme, ni femme, ni enfant ne pouvait sortir. On se contente d'emmener le bétail parce qu'on pouvait en tirer parti. Qui se risquait à sortir était abattu à coups de fusil. Tout ce qui se trouvait dans le village fut brûlé avec lui. »

Nous verrons plus loin qu'ils ont incendié jusqu'à des ambulances.

ILS ONT ASSASSINÉ

Ne pouvant tout dire faute de place, nous ne rappellerons ici que pour en saluer les glorieuses victimes les assassinats judiciaires tels que ceux de Miss Cavell, d'Eugène Jacquet, de Battisti, etc. Et, parce qu'ils sont bien connus de tous, nous nous bornerons à consigner les torpillages criminels du

Lusitania (1), de l'*Ancona*, du *Portugal*, de l'*Amiral-Ganteaume*..., navires de commerce, sans aucun caractère militaire, affectés au transport de passagers de tous pays et le dernier chargé de réfugiés.

Ecartons enfin les attentats commis à distance sur les villes non fortifiées : par canons ordinaires, canons à longue portée (2), avions et zeppelins, ils ont, *les premiers*, envoyé leurs obus au hasard au milieu des villes, quand ils n'ont pas soigneusement visé la place de la Cathédrale à l'heure de la sortie de la messe comme à Nancy, ou à la place du Marché à l'heure où les femmes sont le plus affairées, comme à Lunéville.

Nous ne parlerons donc que des attentats commis de près, à la main, à coups de baïonnette ou à coups de fusil. Leur liste est longue. Pourra t-on jamais faire le compte exact des victimes ? Rien qu'en Belgique il est établi à l'heure présente qu'ils ont assassiné plus de 5.000 civils : vieillards, adultes, femmes, enfants. Ils ont abattu leurs victimes tantôt isolément, tantôt par groupes, souvent par

1. Ils ont décoré le bandit qui a coulé le *Lusitania*. Ils se glorifient de leur crime ; en son honneur ils ont frappé une médaille commémorative !

2. Ces bandits ont des âmes de cabotins : leur pièce à longue portée qui envoie sur Nancy ses gros 380 a inauguré ses bombardements dans la matinée du 1er janvier 1916 ; le 1er juillet elle commençait son premier bombardement au dernier coup de minuit.

hécatombes. Ils ne se sont pas contentés de tuer : ici ils ont organisé autour du massacre de telles mises en scène, là ils ont réalisé de tels raffinements de cruauté, que devant de tels actes la raison hésite, se demandant quelle folie furieuse a fait déchoir cette race. Est-ce possible ? Oui, cela est. Par quelques exemples, jugez :

A Forêt, l'instituteur communal est fusillé pour avoir refusé de fouler aux pieds le drapeau national arraché de la façade de son école (1).

A Schaffen, où A. Willem est lié à un arbre et brûlé vif, où deux autres malheureux sont enterrés vivants, Mme Luykx et sa petite fille de douze ans sont fusillées ensemble dans une cave, J. Reynders et son petit neveu de dix ans fusillés ensemble dans la rue.

A Sompuis, le vieux Jacquemin, soixante-dix ans, est attaché sur son lit par un officier et laissé là sans nourriture pendant trois jours ; il est mort peu après sa délivrance.

Un Westphalien, prisonnier, dépose : « Le commandant nous a donné l'ordre de fusiller deux femmes, nous l'avons fait. L'une d'elles avait un enfant à la main ; en tombant elle tira l'enfant en arrière avec elle. Le commandant a donné l'ordre de fusiller l'enfant parce que le petit ne devait pas rester seul dans le monde. »

1. Dans ce cas, et dans un grand nombre de suivants, le lecteur est prié de remarquer et de retenir la *cause* de l'assassinat.

A Rouves, le buraliste refuse de dire à un officier bavarois les numéros des régiments français qui se trouvent aux environs ; l'officier l'abat de deux balles de revolver.

A Crézancy, un officier tue de sa main le jeune Lesaint, dix-huit ans, « pour que plus tard il ne soit pas soldat ».

A Emberménil, Mme Masson est fusillée parce que, avec une absolue bonne foi, elle a donné un renseignement erroné ; comme elle est en état de grossesse très apparent, on la fait asseoir sur un banc pour l'assassiner.

A Ethe, deux prêtres sont fusillés « parce qu'ils avaient enterré des armes. »

A Marquéglise, un officier supérieur fait arrêter quatre jeunes fugitifs ; apprenant que deux d'entre eux sont Belges, il déclare que « les Belges sont de sales gens », et, sans autre propos, saisit son revolver et fait feu successivement sur chacun des jeunes gens ; trois sont foudroyés, le quatrième est mort le lendemain.

De la foule des fugitifs qui quittent Louvain en flammes, on fait sortir les prêtres, on les fouille ; sur l'un d'eux. le père jésuite Dupierreux, on trouve un carnet portant en français la note suivante : « Lorsque autrefois j'ai lu que les Huns sous Attila ont dévasté les villes, j'ai souri. Je ne souris plus depuis que j'ai vu de mes yeux les hordes de ce temps incendier les églises et la bibliothèque de Louvain. » Devant les troupes rassemblées, les prêtres sont rangés en demi-

cercle autour du père jésuite. La phrase incriminée
est lue, puis traduite en allemand. Le lieutenant
déclare qu'elle constitue une excitation au meurtre
et que le jésuite doit être fusillé sur-le-champ. Le
jeune prêtre est exécuté, et les autres pères, ses compagnons, doivent l'enterrer sur place.

Au Pin, des uhlans prennent au passage deux
jeunes garçons sur la route. Ils les lient par les bras
à leurs chevaux qu'ils lancent au galop... Les cadavres
des deux enfants furent retrouvés à quelques kilomètres de distance ; les genoux étaient « littéralement
usés » ; l'un des enfants avait la gorge coupée, tous
deux plusieurs balles dans la tête.

A Sermaize, le cantonnier Brocard est arrêté avec
son fils. Sa femme et sa belle-fille, affolées, se préci-
pitent dans la rivière voisine. Le vieillard se dégage,
court, essaie de les sauver. Les Allemands l'entraînent...Quatre jours plus tard, Brocard et son fils,
libérés, reviennent au logis, cherchent et retrouvent
les cadavres : les deux femmes, étant dans l'eau,
avaient reçu l'une et l'autre plusieurs balles dans la
tête.

« Le curé Dergent fut emmené à Aerschot, mis à
nu, attaché à une croix en face de l'église ; ils lui
broient les doigts des pieds et des mains à coups
de crosse. Ils font défiler les habitants devant lui,
ils les obligent à uriner sur lui chacun à son tour. Ils
le fusillent et jettent son cadavre au canal » (1).

1. Ce supplice de l'abbé Dergent, curé de Gelrode-près-
Louvain, est raconté par un témoin neutre, le père G...,

A Hériménil, pendant le pillage, les habitants sont enfermés à l'église ; ils y sont maintenus quatre jours sans manger ; comme Mme Winger, vingt-trois ans, et ses trois jeunes domestiques, une fille et deux garçons, sortent trop lentement de la ferme pour se rendre à l'église, le capitaine, monocle à l'œil, ordonne à ses hommes de tirer sur eux : quatre cadavres de plus.

A Mouchy-Humières..., ils arrivent. Un groupe d'habitants regardent le défilé. Aucune provocation. Mais un officier croit entendre quelqu'un prononcer le mot de « Prussiens ». Il fait aussitôt sortir trois dragons de la colonne, et leur ordonne de tirer sur le groupe : un tué, deux blessés, dont une fillette de quatre ans.

A Sommeilles..., au début de l'incendie qui dévora toute la commune, la dame X... se réfugie dans la cave des époux Adnot avec ces derniers et ses quatre enfants, dont l'aînée est une fillette de onze ans. Quelques jours après, en rentrant dans le vil-

étudiant à Louvain. Les soldats allemands accusaient les prêtres belges de tous les crimes ! Le vicaire de Sainte-Gertrude (de Louvain) reçoit cette réponse d'un soldat qu'il adjure : « Nous aussi, nous sommes catholiques ; mais vous êtes des cochons et des démons noirs. » En Belgique, plus de 50 prêtres ont été assassinés. Notons aussi que dans cette malheureuse Belgique, les *médecins* ont été particulièrement visés : 37 ont été fusillés dans les petites communes, plus de 150 ont disparu dans les grandes villes.

lage, nos troupes découvrent dans la cave les sept cadavres au milieu d'une mare de sang ; plusieurs portaient d'horribles mutilations : la dame X... avait le bras droit séparé du corps, la fillette de onze ans un pied sectionné, le petit bonhomme de cinq ans la gorge tranchée.

A Louveigné..., un certain nombre d'hommes sont enfermés, dans une forge ; l'après-midi, les assassins, comme au tir au pigeon, ouvrent la porte de la cage, chassent les prisonniers et les abattent : dix-sept cadavres au tableau.

A Senlis..., l'héroïque maire, M. Odent, et six de ses administrés sont fusillés.

A Gerbéviller..., ils pénètrent chez les époux Lingenheld, se saisissent du fils de trente-six ans, réformé, portant le brassard de la Croix-Rouge, lui lient les mains, le traînent dans la rue et le fusillent. Ils reviennent chercher le père, vieillard de soixante-dix ans. La femme, affolée, se sauve ; en sortant elle voit son fils étendu sur le sol ; comme le malheureux remue encore, ils l'arrosent de pétrole et le rôtissent. Le père est fusillé plus loin, avec quatorze autres vieillards. On a identifié dans cette commune plus de cinquante victimes.

A Nomeny..., M. Vassé a recueilli dans sa cave un groupe de voisins. Cinquante soldats envahissent la maison, y mettent le feu. Pour échapper aux flammes, les réfugiés se sauvent. Ils les abattent à coups de fusil à la sortie. Mentré est assassiné le premier. Son fils Léon tombe ensuite, avec sa petite sœur de huit ans dans les bras ; comme il n'est pas tué raide, ils lui mettent le canon du fusil à l'oreille et lui font sauter la cervelle. Puis vient le tour de la famille Kieffer. La mère est blessée, le père, le petit de dix ans, la fillette de trois ans sont abattus. Ils s'acharnent sur eux. Striffler, Guillaume, Vassé sont ensuite massacrés. La jeune Simonin, dix-sept ans, et sa petite sœur n'osent pas quitter l'abri de la cave ; les flammes les y contraignent, elles courent ; ils les fusillent à bout portant ; l'enfant a un coude presque emporté par une balle, l'aînée, blessée, gît à terre, un soldat la frappe à coups de botte. A Nomeny, quarante victimes ont été identifiées.

Et voici quelques-unes des *grandes hécatombes:* à Louvain, plus de cent victimes ; à Aerschot, plus de 150, à Soumagne 165, à Ethe 197, à Andenne plus de 300, à Tamines 400, à Dinant plus de 600 (1).

A Aerschot, un premier groupe de 78 hommes est conduit hors ville ; les martyrs sont contraints d'avancer par groupe de trois, se tenant par la main, et de passer ainsi devant quelques gendarmes qui les abattent à bout portant à coups de revolver... Les autres ont les mains liées par des cordes si serrées que plusieurs hurlent de douleur ; ils passent la nuit entière couchés sur le sol et sont fusillés le lendemain. Plusieurs durent, avant l'exécution, creuser leur propre tombe.

---

1. Dont 71 femmes, 34 vieillards de plus de soixante-dix ans, 6 enfants de cinq à neuf ans, 11 de moins de cinq ans.

A Dinant, les martyrs sont placés sur deux rangs, le premier à genoux, le second debout. Feu !

A Tamines, plusieurs centaines d'hommes sont massés sur la place Saint-Martin, le long de la Sambre. Les assassins se tiennent à dix mètres. Feu de salve. Tous les hommes tombent, mais tous ne sont pas atteints. L'officier commande : « Debout ! » Ceux qui le peuvent se relèvent. Feu de salve encore. Dès que la fusillade est terminée, une scène épouvantable se produisit et se prolongea jusque dans la soirée : l'achèvement des blessés. Des soldats, beaucoup porteurs du brassard de la Croix-Rouge, s'approchèrent des victimes, éclairés par des lanternes de poche, et parcoururent les rangs des blessés, frappant à coups de crosse et de baïonnette... Boucherie!

Il manque à ces horreurs la note musicale et l'action de grâces au « vieux Dieu allemand »; les voici :

A Andenne, le colonel Schumann, commandant des chasseurs de Potsdam, fait organiser le soir, sur la place des Tilleuls, un grand concert. La fète se termine par une prière !

Il nous reste à donner ici quelques extraits de *carnets* de soldats ou d'officiers :

Des notes brèves comme ceci : « Pepinste, 12 août. Bourgmestre, curé, instituteur fusillés et maisons réduites en cendres. Nous reprenons notre marche »; ou cela « Villers-en-Fagne. Village en flammes. La population avait averti les Français de l'approche des grenadiers. Là-dessus les hussards avaient mis le feu au village ; le curé et d'autres habitants ont été fusillés. »

D'autres notent des détails d'exécution : « Leffe… on fusille tous ces gens qui ont tiré sur nos hommes. On en met trois l'un derrière l'autre et un chasseur de Marburg les étend par terre d'un seul coup de fusil. C'est une guerre au couteau. »

Celui-ci n'exprime pas que de l'enthousiasme pour une telle besogne : « Vu que le roi (des Belges) a ordonné de défendre le pays par tous les moyens, l'ordre nous a été passé de fusiller tous les habitants mâles. A Dinant, plus de cent hommes sont rassemblés en tas et fusillés. Affreux dimanche ! »

Celui-là, un esthète, écrit : « Au cours de la nuit beaucoup d'autres civils furent fusillés, si bien que nous en pûmes compter plus de deux cents. Des femmes et des enfants, la lampe à la main, furent contraints d'assister à l'horrible spectacle. Nous mangeâmes ensuite notre riz au milieu des cadavres… Tristement beau. » Il ajoute (en sténographie) : « Le capitaine Hermann était ivre. »

Cet autre encore : « Dinant… on fusille tout ce qui se laisse voir ou ce qu'on jette hors des maisons, hommes ou femmes. Les cadavres gisent dans les rues et s'élèvent à un mètre de hauteur. »

Cet officier saxon écrit : « Ma compagnie entre à Bouvignes. Nos hommes se sont comportés comme des Vandales ; tout a été bouleversé, le spectacle des cadavres des habitants tués défie toute description, il ne reste plus une maison debout. Nous retirons de tous les coins les survivants les uns après les autres et on fusille en bloc hommes, femmes et enfants, trouvés dans un cloître qui a été incendié. »

Voici sur les massacres de Nomeny deux dépositions de prisonniers, l'un, lieutenant de réserve bavarois, l'autre, soldat du même régiment.

Le lieutenant dit : « J'ai eu l'impression qu'il était impossible aux officiers qui étaient à Nomeny d'empêcher de tels actes. Autant que j'en puis juger, les crimes qui ont été commis, et dont les suites ont rempli d'horreur tous les soldats qui se sont trouvés plus tard à Nomeny, doivent être attribués à des brutes dénaturées. »

Le soldat : « A 5 heures nous fut communiqué l'ordre du régiment de fusiller tous les habitants mâles de Nomeny et de raser jusqu'au sol la ville entière. Nous avons foncé dans les maisons. »

Voici une description plus détaillée d'un massacre, près de Blâmont :

« Les habitants ont fui dans le village. Ce fut horrible. Il y a du sang caillé dans toutes les barbes, et quels visages ! Ils étaient hideux à voir. On a enterré tous les morts au nombre de soixante. Parmi eux beaucoup de vieilles femmes, des vieux, et une femme à moitié délivrée, le tout affreux à voir. Trois enfants étaient serrés les uns contre les autres et sont morts ainsi. L'autel et les voûtes de l'église sont effondrés. C'est qu'on avait le téléphone (1) avec l'ennemi. Et ce matin, 2 septembre, tous les survivants ont été expulsés ; j'ai vu quatre petits garçons emporter sur deux bâtons un berceau où était un enfant de cinq à six mois. Tout cela est affreux à regarder. Coup pour coup ! Tonnerre contre tonnerre ! Tout est livré au pillage... J'ai vu aussi une mère avec ses deux enfants ; l'un avait une grande blessure à la tête et un œil crevé. »

1. On ? qui ? Le téléphone existe dans toutes les communes de Meurthe-et-Moselle. En outre, nos troupes ont installé des téléphones de campagne qu'elles n'ont pas tous détruits lors de la retraite. Prétexte imbécile ; mais comment en trouver de plus niais que celui-ci : un communiqué officiel allemand, pour prouver que le soulèvement général du peuple était organisé depuis longtemps, dénonce que « des dépôts d'armes étaient installés, où chaque fusil portait le nom du bourgeois auquel il était destiné ». De toute évidence il s'agit là des armes retirées aux civils, par ordre des autorités locales, en Belgique et en France, et déposées à la mairie, chaque arme portant le nom du propriétaire. Ils auraient pris cela pour un arsenal ? Non, non ! Si bêtes qu'ils soient, ils ne le sont pas à ce point. Ils jouent les niais parce qu'ils sentent que la conscience du monde civilisé commence à s'émouvoir.

ILS ONT VIOLENTÉ DES FEMMES
ET DES ENFANTS

Nous pourrions écrire, sur ce sujet douloureux, un long et poignant chapitre. Nous l'avions écrit, mais au dernier moment un scrupule nous l'a fait supprimer : nous voulons en effet que cette brochure puisse être et soit mise sous les yeux de tous et de toutes, notamment sous ceux de nos *enfants des écoles*. Qu'il nous suffise donc de dire ceci :

« Les attentats contre les femmes et les jeunes filles — conclut la Commission d'enquête française — *ont été d'une fréquence inouïe.* »

Sans doute, la plupart de ces crimes resteront toujours inconnus ; il faut un concours de circonstances spéciales pour que l'acte ait été public, mais trop souvent, hélas ! ces circonstances mêmes se sont présentées : à Beton-Bazoches, à Sancy-lès-Provins, c'est la fillette ; à Saint-Denis-les-Rebaix, c'est la belle-mère et le petit garçon de huit ans ; à Coulommiers c'est le mari et les deux enfants, qui ont été témoins des violences exercées sur la mère de famille.

Attentats individuels, parfois collectifs : à Melen-Labouxhe, Marguerite W... est martyrisée par vingt soldats allemands avant d'être fusillée aux côtés de son père et de sa mère.

Ils ne respectent pas les religieuses (1).

Ils ne respectent pas les grand'mères (Louppy-le-Château, Vitry-en-Perthois.....).

Ils ne respectent pas les enfants. ... A Cirey, un témoin, professeur de l'Université, dont l'un de nous a recueilli, quelques jours après le drame, les déclarations, s'écrie devant un officier bavarois : « Mais vous n'avez donc pas d'enfants en Allemagne ! » L'officier se contente de lui répondre : « Ma mère n'a jamais fait de cochons comme toi ! »

Ils s'acharnent parfois sur la famille entière : à Louppy, la mère et ses deux fillettes de treize à huit ans sont victimes, en même temps, de leur sauvagerie.

Les violences se prolongent jusqu'à la mort : à Nimy, le martyre de la petit Irma G..., dura six heures ; la mort la délivra. Son père, voulant la secourir, est fusillé, sa mère grièvement blessée,

Oui, malheur aux parents affolés qui essaient de défendre leurs enfants. « Le bourgmestre de Handzaeme — dépose un vicaire de Dixmude — a été fusillé pour avoir voulu protéger sa fille.»... Combien d'autres ! Le cœur nous manque pour continuer la liste de ces attentats....

1. Voir rapport de la Commission française (t. I, p. 35). Voir aussi, dans *la Réponse au Livre Blanc*, p. 5oo, la lettre émouvante du grand cardinal Mercier à von Bissing : « Ma conscience m'interdit de livrer à un tribunal quelconque les renseignements, hélas ! très précis que je possède. Des attentats sur des religieuses ont été commis... »

ILS ONT ACHEVÉ LES BLESSÉS

En *nombre immense* sont les blessés qui ont rapporté, sous la foi du serment, que, restés étendus sur le champ de bataille, ils ont assisté au meurtre de camarades blessés, achevés à coups de crosse, de baïonnette, ou à coups de botte par des soldats, des sous-officiers ou même des officiers allemands (1).

La place nous manque pour analyser ces innombrables dépositions. Voici d'autres témoignages : des blessés ont été laissés sur le terrain, dont, le lendemain, une contre-attaque nous rend maîtres ; que de fois les malheureux ont été trouvés « achevés », — avec la gorge tranchée, comme les deux sergents du 31ᵉ chasseurs au col de Sainte-Marie — ou ayant encore « leur propre baïonnette enfoncée dans la bouche », comme tel pauvre petit du 17ᵉ !

Ils s'acharnent souvent. « Le 23 août, M. le curé de Réméréville a soigné le lieutenant Toussaient, sorti le premier de l'École forestière au mois de juillet ; tombé sur le champ de bataille, le jeune officier avait été frappé à coups de baïonnette par tous les Allemands qui étaient passés auprès de lui : son corps était criblé de plaies des pieds à la tête, »

A Oudrigny, « un lieutenant allemand rencontre

1. Rapport de la Commission d'enquête française, t. III.

une voiture française munie du drapeau de la Croix-Rouge et chargée de dix blessés ; il fait déployer sa compagnie et tirer deux feux de salve sur la voiture. »

A Bonviller, un officier fait achever d'une balle dans l'oreille neuf soldats français blessés étendus dans la grange.

A Montigny-le-Tilleul, le 23 août, M. Vital est surpris donnant des soins à un soldat français, L. Sohier, blessé à la tête et au côté. Ce crime mérite une sanction : les misérables fusillent d'abord l'infirmier, puis le blessé.

A Ethe, ils incendient un hangar et rôtissent plus de vingt blessés qui y étaient étendus.

On connaît l'ordre célèbre du général Stenger, opérant dans la région de Thiaville (Meurthe-et-Moselle): « Défense de faire des prisonniers. Tous les prisonniers blessés ou non doivent être abattus. »

Ce n'est pas qu'en Lorraine que de tels ordres ont été donnés.

Écoutez cette déposition d'un soldat allemand : « Le même jour on voit encore dix-huit Français. Le lieutenant N... nous donne l'ordre de les fusiller, vu qu'il ne savait que faire de ce monde-là. »

Lisez cette lettre trouvée à L'Écouvillon dans une tranchée allemande reconquise : « Chaque jour on prend de nombreux prisonniers ; maintenant ils sont fusillés sur-le-champ, car nous ne savons plus où les mettre. »

Méditez ce carnet où un soldat boche, près de

Péronne, a consigné ses impressions de la journée :
«... Ils gisaient par tas de huit ou dix blessés ou morts.
Ceux qui pouvaient encore marcher furent emmenés ;
ceux qui étaient atteints à la tête ou aux poumons et
ne pouvaient plus se relever furent achevés d'une
balle. C'est l'ordre qui nous a été donné. »

Un soldat allemand, soigné à l'hôpital de Nancy
d'une blessure au ventre, confie au Dr Rœmer que
« cette blessure lui a été faite par un sous-officier
parce qu'il a refusé d'achever un blessé français. »

Le massacre des blessés ne s'opère pas seulement
sur le champ de bataille ; des ambulances ont été
le théâtre de scènes atroces : à Gomery, poste de
secours commandé par le Dr Sédillot, de nombreux
blessés sont restés dans les lignes allemandes. Un
lieutenant boche, avec vingt-cinq hommes, visite le
poste, examine, scrute, déclare que tout est correct
et se retire. Mais un sous-officier et un groupe de
soldats restent dans la rue. Ils sont excités, vocifè-
rent, font le geste de couper le cou : « C'est la guerre
de la mort », crient-ils. Ils pénètrent, abattent à
coups de revolver le Dr Sédillot (qui a heureusement
survécu et, avec d'autres témoins, a pu faire connaître ces scènes), mettent le feu à l'ambulance ;
mordus par les flammes, des blessés, dont quelques-
uns amputés le matin même, sautent du premier
étage par les fenêtres et tombent dans le jardin ; les
bourreaux les ramassent, les saisissent, les poussent, les fusillent. Ainsi furent assassinés le lieutenant Jeannin, le Dr de Charette. Ainsi périrent sous

les balles ou dans les flammes, après un martyre atroce, de cent à cent vingt soldats ou officiers, que leurs blessures devaient rendre sacrés.

Crime pour crime, mieux vaut tuer des blessés par le fer ou le feu que par la faim. Écoutez : à la caserne de Stenay sont amenés, avec le Dr Bender, cent blessés français, bientôt rejoints par cent quatre-vingts autres ; ces derniers, restés sans soins pendant cinq jours sur le champ de bataille, sont dans un état effroyable. Le Dr Bender demande en vain l'aide des Allemands pour descendre des voitures et installer ses blessés. Les Boches refusent et continuent à fumer leurs pipes. Le docteur dut procéder seul à cette opération, blessé lui-même, avec l'aide de deux infirmiers français. Pendant plusieurs jours les Allemands n'ont distribué aucune nourriture. « Nos pauvres soldats — dépose sous serment le docteur — hurlaient de faim (1). Et il ajoute : « J'avais une soixantaine de grands blessés. J'ai supplié le major allemand de les opérer ; il m'a déclaré qu'il n'avait pas le temps. J'ai alors demandé l'autorisation de les opérer moi-même : « Vous êtes, « me fut-il répondu, dans les lignes allemandes, vous devez subir notre loi. » Et le docteur termine ainsi son émouvante déposition : « Presque tous ces malheureux sont morts faute de soins. »

Nous avons vu des médecins, comme le professeur

1. « Des infirmiers lorrains, ajoute-t-il, appartenant à l'armée allemande, nous ont ravitaillés en cachette. »

Vulpius, voler de l'argent ; mais, de tous les types de médecins boches, voici sans doute le plus hideux : « Je me suis occupé à Stenay — dépose le Dr Bender — d'un soldat français qui avait reçu au pied une blessure peu grave et ne nécessitant pas une opération. Ma stupéfaction fut grande quand je constatai qu'un major allemand lui avait coupé la cuisse. J'ai manifesté à celui-ci mon indignation. Il s'est borné à me répondre : « Ce sera un homme « de moins contre nous dans la guerre future (1). »

Ils nieront ces crimes demain : en 1914, ils s'en sont glorifiés. Un journal de Silésie publie, le 18 octobre, un article envoyé du front par un sous-officier, où on lit ceci : « ... Les hommes à l'âme particulièrement sensible font la grâce aux blessés français de les achever d'une balle, mais les autres distribuent tant qu'ils peuvent des coups d'estoc et de taille. Nos adversaires s'étaient battus bravement... Qu'ils soient blessés légèrement ou grièvement, nos braves fusiliers économisent à la patrie

1. Un médecin amputant sans nécessité, par vengeance mauvaise, un ennemi blessé, notre âme française, hésitera à croire à de tels crimes. Hélas ! ils ne furent pas rares. Voir, entre autres, dans le poignant *Journal d'un grand blessé en Allemagne*, de Charles HENNEBOIS, les effroyables scènes de torture (pages 137, 146) et (page 87) cette déclaration d'un médecin allemand : « Vos médecins, en France, amputent à plaisir nos blessés allemands. On a donc *donné l'ordre de couper sans hésitation*, en mesure de représailles, *tous les membres atteints.* »

les soins coûteux qu'il lui faudrait donner à de nombreux ennemis... Le soir venu, une prière d'actions de grâce sur les lèvres, nous nous endormîmes. » Sont-ce propos de fanfarons de vices ? Non, l'article a été soumis au commandant de la compagnie qui l'a « certifié exact » et contresigné ; le sous-officier, le commandant, le public silésien, la nation allemande se sont réjouis de voir cet abominable récit de meurtre et de honte paraître dans ce journal sous ce titre en manchette : *Une journée d'honneur pour notre régiment.*

ILS SE SONT CACHÉS DERRIÈRE LES FEMMES

Rappelons, pour mémoire, les circonstances innombrables où les Boches ont levé les bras ou agité le drapeau blanc, crié « Kamarades », fait le simulacre de se rendre, appelé ainsi vers eux nos soldats confiants, puis au dernier moment se sont écartés pour laisser le champ libre à une rangée de tirailleurs ou à une mitrailleuse cachés derrière eux. Ce sont ruses de lâches, fréquemment employées au début de la guerre, et contre lesquelles nos soldats — au prix de combien de victimes ! — apprirent enfin à se garder.

Ils ont commis de pires lâchetés.

Voici un officier supérieur allemand qui, pour s

mettre à l'abri du danger pendant qu'il observe, se fait entourer de trois enfants.

A Néry, vingt-cinq personnes, femmes et enfants, sont contraintes de marcher parallèlement à la colonne boche pour la protéger contre un tir de flanc.

Aux environs de Malines, six soldats allemands, qui emmenaient cinq jeunes filles, rencontrent chemin faisant une patrouille belge : ils placent les jeunes filles autour d'eux pour empêcher leurs adversaires de tirer.

Ils placent ainsi devant eux, à Jodoigne, un curé auquel ils font tenir les bras en croix ; à Hougaerde, un curé aussi et qui fut tué ; à Mons, de nombreux civils.

A Senlis, nos soldats tirent pour protéger la retraite ; les Allemands arrachent des maisons un certain nombre d'habitants qu'ils font avancer au milieu de la chaussée, tandis qu'eux-mêmes en arrière longent les murs des maisons : plusieurs habitants furent tués.

« Dans de *très nombreuses localités* — dit la Commission d'enquête belge — les troupes allemandes se sont fait précéder de civils, hommes et femmes. C'est ainsi qu'une colonne allemande, traversant Marchienne, poussait devant elle un groupe de plusieurs centaines de civils ; elle se dirigeait sur Montigny-le-Tilleul, où se produisit le premier engagement important avec l'armée française... »

A Sempst, pendant le combat du 25 août, hommes

et femmes ont été placés au premier rang de la ligne de feu.

Le 12 septembre, à Erpe, une colonne allemande, attaquée par une auto-mitrailleuse belge; a pris dans les maisons vingt à vingt-cinq hommes et jeunes gens, y compris un enfant de treize ans; elle s'est fait précéder par ces prisonniers qu'elle a placés au milieu de la chaussée. Les servants de la mitrailleuse, s'apercevant que des civils étaient placés devant eux, cessèrent le feu.

A Alost, une compagnie allemande attaque le pont; en tête marchent une trentaine de civils cachant une mitrailleuse.

A Nimy, cinq cents personnes, hommes, femmes, enfants, sont poussés à coups de crosse devant les troupes contre les Anglais; ceux-ci n'osent pas tirer : c'est ainsi que les 84e et 85e régiments du Schleswig purent continuer jusqu'à Maubeuge leur marche héroïque.

Quand l'adversaire ne peut voir de quels boucliers humains ils se servent, ils le préviennent. Le 7 septembre 1914, les hussards de la Mort enferment avec eux, au château de Saint-Ouen-sur-Moris, tous les habitants du village, et, pour éviter d'être bombardés, font connaître aux Anglais ces « dispositions. »

Ils tirent sur qui veut s'échapper. A Mouzon, apparaissent devant l'ennemi de nombreux civils poussés à coups de crosse. Nous cessons le feu. Les malheureux brusquement se groupent sur un des côtés de la rue, découvrant les Allemands. Nous tirons. Les Boches, furieux, dirigent leur première décharge à bout portant non sur nos troupes, mais sur ces non-combattants qu'ils déciment.

Comme « boucliers », les lâches se servent le plus souvent de civils, parfois aussi des prisonniers. A Keyem, ils poussent devant eux une centaine de soldats belges, les uns les mains liées, les autres les bras levés. A Dixmude, ils avancent, cachés derrière quarante fusiliers marins désarmés et prisonniers ; arrivés en face de nos lignes, nos fusiliers hurlent aux nôtres : « Tirez donc, nom de Dieu ! ce sont les Allemands », et ces héros tombent glorieusement sous les balles françaises.

De tels faits sont innombrables. Les Boches les nieront plus tard. Ils ne les ont pas niés en 1914. Que dis-je ? Ils s'en sont glorifiés comme d'une « bonne idée », et voici la lettre du lieutenant bavarois Eberlen, publiée le 7 octobre 1914 par le grand journal de Munich : « ... Nous avons arrêté trois autres civils et alors me vint une *bonne idée*. Ils sont installés sur des chaises au milieu de la rue. Supplications, d'une part ; coups de crosse, d'autre part. Enfin ils sont assis dehors, dans la rue. Leurs mains sont jointes comme dans une crampe. Je les plains, mais le moyen est d'une efficacité immédiate.

« Comme je l'ai appris plus tard, le régiment qui est entré à Saint-Dié plus au nord a fait des expériences tout à fait semblables aux nôtres. Les quatre civils qu'ils avaient également placés dans la rue ont été tués par des balles françaises. J'ai vu leurs cadavres.

ILS ONT MARTYRISÉ LES PRISONNIERS CIVILS

Après avoir incendié nos villages, y avoir fusillé ici des douzaines, là des centaines d'habitants, ils ont souventes fois expédié en Bochie tout ou partie des survivants. Impossible d'établir à l'heure actuelle le nombre de ces *déportés* : ils se comptent par dizaines de mille. Ces malheureux, — hommes, femmes, enfants — qui ont assisté et échappé à l'incendie et au massacre, qui ont vu tomber tant des leurs sous les balles des assassins, qui ont dû, sous la menace, ici creuser les tombes des victimes, là éclairer les bourreaux pendant qu'ils achevaient les blessés — ces malheureux partent donc pour l'Allemagne : quel voyage et quel séjour !

Un récit entre mille : « Deux officiers allemands commandent notre escorte ; ils sont inabordables. Ceux qui veulent leur adresser la parole sont menacés du revolver... Pour nous permettre de boire, on nous fait ramasser des boîtes à conserves vides ; ce sera notre vaisselle jusqu'à Cassel... Partout des injures nous sont adressées, des menaces nous sont faites. On nous fait signe qu'on va nous fusiller, nous couper le cou, nous pendre. Des ordures nous sont jetées à la tête ; on nous crache à la figure. Nous ne baisserons cependant pas la tête : ce n'est pas nous qui sommes avilis. Un officier qui assiste au défilé distribue des coups de cravache à ceux qui passent à sa portée. Jusqu'à notre embarquement en chemin de fer, il en sera ainsi partout où nous rencontrerons des troupes...

« ... Enfin on arrive à Marche. Nous avons cheminé pendant neuf heures. Dans une salle où une inscription sur la porte mentionne qu'il y a place pour cent soldats, on nous entasse à plus de quatre cents. Les habitants nous font parvenir des tartines ; ce sont les Allemands qui les mangent.

« Les Allemands nous distribuent des croûtons de pain. On est abominablement entassé. Quelques-uns réussissent à se coucher, mais l'air est à ce point vicié qu'ils ne peuvent rester dans cette position...

« En gare de Melreux, nous changeons de gardes. Un train formé de wagons à bestiaux est en gare : en nous frappant à coups de crosse, on nous y embarque. Avant nous du bétail a occupé ce wagon, le fumier a été sommairement enlevé. Ni bancs, ni paille. On part.

« A chaque arrêt du train nous sommes insultés par les soldats qui gardent les stations. Une fois en Allemagne, c'est pis encore. On ouvre les portes donnant sur le quai. Si le train est entre deux quais, on ouvre les deux côtés afin de réjouir plus de cœurs allemands. Nous sommes traités comme des bêtes

d'une ménagerie. Les officiers et soldats donne[...]
l'exemple. Femmes et enfants ne demeurent pas e[...]
reste d'injures et de gestes menaçants.

« Nos gardiens sont acclamés comme s'ils acco[...]
plissaient un acte d'héroïsme. A une gare nou[...]
voyons une femme qui, de sa fenêtre, pousse de[...]
hourras ; elle dégrafe ses vêtements, exibe ses sei[...]
nus et fait le geste de les offrir aux soldats.

« Le voyage dure trente-cinq heures, au cour[...]
desquelles nous avons reçu une seule fois à boire e[...]
à manger, encore le devons-nous à la Croix-Roug[...]

« Le 28 août, à trois heures du matin, arrivée à Wi[...]
helmshœhe (Cassel). Au pas accéléré nous défilon[...]
dans les rues. Notre arrivée a été annoncée. Malgr[...]
l'heure matinale, une foule hostile, injurieuse, men[...]
çante, fait la haie. Au train dont nous marchon[...]
vieux et éclopés ne peuvent suivré. Leurs compa[...]
gnons les soutiennent et les entraînent, frappés [...]
coups de crosse.

« Nous arrivons à la prison. Par trois ou quatr[...]
on nous enferme dans des cellules. M. Brichet, in[...]
pecteur forestier, veut prendre avec lui son fil[...]
(quatorze ans) : « Pas le père avec le fils » dit un gé[...]
lier...

« Les autorités de la prison manifestèrent leu[...]
étonnement de voir quels criminels on leur ava[...]
amenés : artisans et commerçants formaient [...]
masse ; puis le bougmestre de Dinant et un échevi[...]
des professeurs, des avocats, des juges ; il y ava[...]
un fou, une douzaine d'enfants de treize ans, des vie[...]

lards, dont un de quatre-vingt-un ans. Au bout de huit jours, nous fûmes rassemblés dans un préau. On nous fit savoir que nous n'étions pas condamnés mais détenus pour cause de sécurité publique. »

Dans cette prison, les malheureux sont traités beaucoup plus rigoureusement que les prisonniers de droit commun. Entassés dans les cellules, ils manquent d'air. « En grimpant sur une caisse on pouvait ouvrir le carreau et apercevoir un coin de campagne. Cela était permis aux prisonniers, pas à nous. » Pas de siège. La carcasse d'un lit en fer, inutile, car on en avait enlevé le matelas. Quatre couvertures. Deux bottes de paille. Cette paille fut vite réduite en poussière...

« Un jour par semaine nous étions, pendant une heure, conduits au préau. Sous la surveillance de soldats, baïonnette au canon, nous nous promenions autour de la cour les uns derrière les autres. Défense de marcher deux à deux.

« L'alimentation était nettement insuffisante (1), on souffrit continuellement de la faim...

1. Nous recevions par jour 450 grammes de pain noir et sur. Le matin, une décoction tiède qui était peut-être du café. A midi, trois quarts de soupe grasse ; le soir, un demi-litre de soupe maigre. Nous eûmes en trois occasions des pommes de terre. Jamais de viande. La soupe aux choux était l'ordinaire ; au bout d'un certain temps, elle devint nauséabonde. Quelques prisonniers furent occupés à découper des choux pour faire de la choucroute ; ils devaient garder les feuilles avariées, et c'est de celles-ci qu'était cuisinée notre soupe.

« Un certain Croibien avait été, à Dinant, blessé légèrement d'une balle au bras. La blessure, non soignée en cours de route, s'était envenimée. Malgré ses souffrances tout soin lui fut refusé. Ce n'est qu'au bout de plusieurs jours qu'on se décida à le transporter à l'infirmerie. On dut lui amputer le bras. Il mourut le lendemain. Ni vivant ni mort, il ne fut permis à son père et à ses frères, internés également, de le revoir. »

Et le haut magistrat qui écrit ces lignes, M. Tschoffen, procureur du Roi à Dinant, termine ainsi sa déposition :

« On n'avait eu aucune raison de nous arrêter. J'ignore celle que l'on put avoir de nous remettre en liberté. Un beau jour on nous annonça que nous allions partir. »

Autre pièce : avant le 28 février 1915, plus de dix mille femmes, enfants, et vieillards, déportés de France en Allemagne, ont été rapatriés par la Suisse. Tous ceux qui les ont recueillis à leur arrivée ont été « épouvantés de leur délabrement et de leur faiblesse », à tel point que la Commission française d'enquête fut chargée d'une instruction spéciale pour interroger ces martyrs. Plus de trois cent témoins furent entendus dans vingt-huit localités différentes. Il faudrait tout citer du rapport de la Commission : les enfants séparés brutalement de leurs mères, des malheureux entassés pendant de longs jours dans des voitures et si serrés qu'ils devaient rester debout, des cas de folie éclatent dans ces foules à demi asphyxiées et hurlant de faim... Mais nous devons nous borner. Donnons quelques traits seulement de la Kultur :

« Tandis que les hommes de Combres partent pour l'Allemagne, femmes et enfants sont consignés dans l'église du village. Ils y sont maintenus pendant un mois, passant les nuits assis sur des bancs. La dysenterie et le croup sévissent parmi eux. Les femmes ne sont autorisées à porter les déjections que tout à proximité des portes, dans le cimetière.

« Quatre au moins des prisonniers sont massacrés parce que, complètement épuisés, ils ne peuvent plus suivre la colonne.

Fortin, soixante-cinq ans, infirme, ne peut avancer. On l'attache avec une corde dont deux cavaliers tiennent les extrémités. Il doit suivre le pas des chevaux. Comme il tombe à chaque instant, on le fait relever à coups de lance. Le malheureux, couvert de sang, supplie qu'on le tue :

« Cent quatre-vingt-neuf habitants de Sinceny, envoyés à Erfurt, y sont arrivés après un voyage de quatre-vingt-quatre heures, pendant lequel chacun d'eux n'a reçu qu'un seul morceau de pain d'environ 100 grammes.

« Pendant les quatre jours qu'a duré, pour un autre convoi, le trajet en chemin de fer, on ne leur a donné qu'une seule fois à manger ; ils ont été violemment frappés à coups de bâton, de poing, de manche de couteau. »

Mêmes brutalités dans les villes allemandes traversées : il y a peu de nos prisonniers civils qui, ici, ou là, n'aient été frappés par la foule en délire, peu qui n'aient été souffletés, qui n'aient reçu des crachats à la face.

Voilà pour le voyage. Voici pour le séjour :

« Il résulte de toutes les déclarations qui nous ont été faites que la plupart des prisonniers défaillaient presque d'inanition. Après la distribution (des aliments), quand il restait quelque chose, on voyait certains d'entre eux se ruer aux abords des cuisines ; bousculés, frappés par les sentinelles, les malheureux risquaient injures et coups pour essayer de s'arracher quelques bribes supplémentaires d'une nourriture écœurante. On vit des hommes, mourant de faim, ramasser pour les dévorer des têtes de hareng et le marc de la décoction du matin. »

A Parchim, où 2.000 civils français de douze à soixante dix-sept ans furent internés, deux prisonniers affamés qui demandent du « rabiot » sont frappés à coups de crosse avec une telle violence qu'ils sont morts de leurs blessures ; le jeune fils de l'un d'eux, pour avoir essayé de protéger son père, est mis au poteau huit jours de suite.

Sur la foi du serment, le Dr Page dépose : « ...Ceux qui ne possèdent pas d'argent meurent presque de faim. Quand il reste un peu de soupe, une foule de ces malheureux se précipite pour en obtenir, et les sous-officiers finissent par s'en débarrasser en lâchant les chiens sur eux. »

Mais à quoi bon ces détails, ces témoignages ?

Voici les 10.000 rapatriés qui rentrent : qu'on regarde ce que les bandits ont fait d'eux. Lecteur, arme-toi de courage pour lire jusqu'au bout cette conclusion de notre officielle Commission d'enquête :

« Il nous est impossible de taire la tristesse et l'indignation que nous avons ressenties en voyant l'état dans lequel les Allemands nous ont rendu les otages qu'ils avaient enlevés de notre territoire au mépris du droit des gens. Pendant le cours de notre enquête nous n'avons cessé d'entendre la toux obsédante qui déchirait les poitrines. Nous avons de nombreux jeunes gens dont la gaieté semblait morte et dont les visages émaciés et pâlis décelaient la tare physique peut-être irréparable. Aussi la pensée nous venait-elle malgré nous que la scientifique Allemagne semble avoir appliqué son esprit de méthode à préparer dans notre pays la propagation de la tuberculose.

« Nous n'avons pas été moins profondément émus en voyant des femmes pleurer leurs foyers abandonnés, leurs enfants disparus ou captifs, et en remarquant sur la physionomie d'un grand nombre de prisonniers et jusque dans leurs attitudes l'empreinte morale laissée par un régime odieux, inflexiblement destiné à abolir chez ceux qui le subissent le sentiment de la dignité et de la fierté humaines.

ILS ONT POUR S'EXCUSER
MENTI ET CALOMNIÉ

Les Boches ont eu trois attitudes successives : d'abord — dans leurs discours, dans leurs écrits, par leurs images et leurs médailles commémoratives — *ils se sont glorifiés* de leurs attentats, affirmant ainsi que la Kultur est au-dessus de la morale comme l'a écrit leur Thomas Mann, et que le droit de la force allemande est au-dessus de tout. Puis, quand ils eurent discerné qu'il y avait en dehors d'eux dans le monde ce quelque chose qu'on appelle une conscience morale, qu'ils ne comprennent pas mais dont il faut tenir compte, *ils nièrent cyniquement.* Enfin, quand ils furent chassés de cette seconde tranchée, quand la simple négation fut devenue impossible, *ils s'efforcèrent d'expliquer leurs crimes.*

Leur explication (1) la plus fréquente est celle-ci : « Les civils ont tiré sur nous. »

La Commission d'enquête française conclut ainsi sur ce point : « Cette allégation est mensongère et

---

1. Est-il besoin de marquer ici que même si dans une commune un civil imprudent avait tiré un coup de fusil il y aurait, d'après la Convention de La Haye, d'après la simple et forte morale, un véritable crime à tuer au hasard, sans enquête, sur le tas, tant d'innocents !

ceux qui l'ont produite ont été impuissants à la rendre vraisemblable, même en tirant des coups de fusil dans le voisinage des habitations comme ils ont l'habitude de le faire pour pouvoir affirmer qu'ils ont été attaqués par les populations innocentes dont ils avaient résolu la ruine ou le massacre. »

Il ressort des constatations faites par les hauts magistrats enquêteurs que les chefs allemands sont, le plus souvent, coupables de mensonges prémédités. Il est, d'autre part, vraisemblable que beaucoup de soldats allemands, lorsqu'ils entrèrent en Belgique ou en France, ont eu cette hantise de civils tirant sur eux. Il suffit de ce cri, poussé par un soldat tremblant de peur, ivre ou assoiffé de pillage : « *Man hat geschossen* (On a tiré) », pour que la localité soit sans délai livrée à toutes les fureurs. « Quand un habitant a tiré sur un régiment, dit un soldat à Louvain, la localité appartient au régiment. » Quelle tentation pour un soldat boche de tirer un coup de feu qui déchaînera pillage et massacre !

Quelques erreurs ont *pu* se produire, que la moindre enquête eût dissipées. Lisez cet aveu consigné dans son carnet par un officier saxon : « Le ravissant village de Gué-d'Hossus a été livré à l'incendie, bien qu'innocent, à ce qu'il me semble. On me dit qu'un cycliste est tombé de sa machine et que dans sa chute son fusil est parti tout seul ; alors on a fait feu dans sa direction. Là-dessus on a tout simplement jeté les habitants mâles dans les flammes. De pareilles horreurs ne se reproduiront pas, il faut l'espérer... On devrait exiger une vérification des soupçons de culpabilité afin de contrôler cette fusillade sans discernement des hommes. »

Les seuls coups de fusil tirés contre eux à l'intérieur ou à proximité des villages l'ont été par des soldats français ou belges qui protégeaient la retraite. Quelquefois ils s'en aperçoivent, mais trop tard, et ils continuent leurs crimes... pour les justifier.

Écoutez cette voix d'un neutre : « Dans un village on a trouvé des cadavres de soldats allemands dont les doigts étaient coupés. Sur-le champ le commandant fit brûler les maisons et fusiller les habitants... Dans la même région un officier allemand loge chez un grand poète flamand ; cet officier se conduit avec courtoisie ; il est traité avec égards et devient expansif : il se plaint des méfaits commis par ses soldats. Près de Haelen, dit-il, il a dû faire fusiller un soldat dansle sac duquel on avait découvert des doigts couverts de bagues ; l'homme, interrogé, avoua qu'il les avait coupés à des cadavres allemands (1). »

Exceptionnellement l'enquête est faite ; chaque fois elle permet alors de découvrir la vérité et prévient le massacre : à la fin d'août le député Liebknecht fait route en auto vers Louvain. Il arrive dans une commune où règne une grande agitation : les

1. L.-H. GRONDIJS, *les Allemands en Belgique.* p. 119 (Paris, Berger-Levrault, éditeurs).

Allemands viennent de trouver trois des leurs tués sur la route, ils accusent les paysans d'avoir fait le coup. Liebknecht interroge ceux-ci et ne tarde pas à acquérir la preuve que les soldats allemands ont été tués par des carabiniers belges. — A Huy, coups de fusil la nuit : deux soldats blessés ; la population est accusée ; le bourgmestre est arrêté et condamné à mort, mais il sait qu'il n'y a pas de troupes alliées dans les environs et il sait aussi que ses administrés n'ont pas tiré. « Fusillez-moi, dit-il avec calme, mais pas avant qu'on ait extrait les balles des blessés. » L'officier, moins brute que d'autres, y consent ; on trouve dans les blessures des balles allemandes.

Mais il n'est pas besoin de prétexte pour... agir. Leur premier crime, à notre connaissance, est du 4 août : à Herve, des officiers arrivent en auto, interpellent au passage deux civils sur le pont et, sans leur donner le temps de répondre, les abattent à coups de revolver.

Dans leurs carnets, ils accusent les uns les autres, chacun jetant sur le voisin la responsabilité des excès commis. Ce cavalier dit : « Il est malheureusement vrai que les mauvais éléments se sentent autorisés à commettre toutes les ignominies. Ce reproche s'applique surtout au *train des équipages*. » Cet officier de grenadiers : « Rethel, 2 septembre. La discipline baisse. Eau-de-vie. Pillage. La faute en est à l'*infanterie*. » Ce lieutenant d'infanterie : « Dans notre compagnie, tenue correcte, en contraste avec d'autres. Les *pionniers* ne valent pas cher. Quant aux *artilleurs*, c'est une bande de brigands. » Ce dernier paraît seul avoir raison : « Brin... Les *troupes de toutes armes* s'emploient au pillage. »

Parfois la préméditation a pu être établie : le 17 août (1), un officier allemand loge chez un magistrat belge ; on parle de Dinant : « Dinant ! déclare l'officier, ville condamnée ! » M. X..., de Dinant, se trouvait en une autre ville ; il fait connaissance d'un officier allemand qui, le 30 août, lui dit : « Vous êtes de Dinant ? N'y retournez pas. C'est une mauvaise ville, elle sera détruite. » Les troupes qui marchent vers Andenne annoncent dans les villages traversés qu'elles vont brûler la ville et massacrer les populations. A Louvain, un officier ennemi, reçu avec bonté dans une famille bourgeoise dont il a apprécié les attentions, accourt chez elle le 25, à 11 heures du matin ; de façon pressante il engage ses hôtes à partir sans retard, se refusant d'ailleurs à donner d'autres explications ; cette famille, intriguée, émue, partit et fut sauvée.

*
* *

Aux yeux du moraliste le pire des crimes sera peut-être celui-ci : ces misérables ont essayé de déshonorer la Belgique après l'avoir assassinée. Ils

1. Le martyre de la ville de Dinant a commencé le 24 août ; celui de Louvain, le 25, à 5 heures de l'après-midi.

ont osé dire, écrire, proclamer à la tribune, affirmer aux neutres que les femmes et les jeunes filles belges avaient mutilé les soldats allemands blessés, leur crevant les yeux avec des ciseaux ou de l'eau bouillante. Aux rapports de la Commission d'enquête belge ils ont opposé un contre-rapport (1) consigné dans un *Livre Blanc*. Ce procès et ces documents demeureront dans l'histoire ; ils pèseront au cours des siècles sur la mémoire du Kaiser et sur la conscience allemande. Voici l'émouvante conclusion de la réponse belge :

« Devant Dieu et devant les hommes, le Gouvernement belge n'hésite pas à exprimer sur la conduite du Gouvernement allemand vis-à-vis de la nation belge le sentiment suivant : « Celui-là est deux fois « coupable qui, après avoir violé les droits d'autrui, « tente encore, avec une singulière audace, de se « justifier en imputant à sa victime des fautes qu'elle « n'a jamais commises (2) ».

1. Rappelons qu'une enquête contradictoire a été offerte par les socialistes belges aux socialistes allemands, par les francs-maçons belges aux francs-maçons allemands, par les évêques belges aux évêques allemands. Trois propositions. Trois refus.

2. La France a subi les mêmes calomnies. Nous avons fait allusion plus haut (note page 35) à ce major allemand déclarant que « l'ordre avait été donné de couper, par mesure de représailles, tous les membres atteints ». Ainsi nous aurions fait cela ? Mensonge monstrueux, que repousseront du pied, avec indignation, tous ceux qui connaissent les traditions d'honneur de nos ambu-

Il resterait à expliquer ceci : comment, par quels moyens, par quelles influences néfastes, cette nation allemande, composée d'hommes qui, pris individuellement, ne sont pas tous des bandits, est-elle arrivée, a-t-elle été conduite à cet état de sauvagerie ? Quelle est, dans la préparation de cette *démence collective* d'un peuple, la part de responsabilité de ses philosophes et de ses hommes politiques, de la race et de l'éducation ? Phénomène troublant que les aliénistes étudieront plus tard, et dont nous ne pouvons ici aborder l'examen. Nous n'avions pas à chercher les causes pathologiques de cette

lances et de nos médecins français. La *méthode de mensonge systématique* a d'ailleurs été prise sur le vif, à l'occasion de l'emploi des gaz asphyxiants : les Boches avaient fait d'immenses préparatifs pour l'emploi de ces gaz ; quand leur organisation fut au point, ils eurent soin, avant d'agir, de publier chaque jour et pendant une semaine dans leur communiqué de petites notes annonçant que l'ennemi « faisait un usage très large de ce nouveau procédé de guerre » ; affirmation contraire aux faits, et qu'ils savaient telle, mais destinée à égarer l'opinion ; quand ils jugèrent que celle-ci était assez « préparée », ils lancèrent leurs gaz meurtriers et leurs liquides enflammés et il nous fallut un long temps, il nous fallut aussi vaincre bien des hésitations morales pour assurer notre défense et notre riposte. Le *mensonge cynique* est chez eux non seulement admis, mais *glorifié*; quand il fut bien établi que, pour déchaîner la guerre de 1870, Bismarck avait fait un *faux*, le professeur Hans Delbruck s'écria : « Bénie soit la main qui a falsifié la dépêche d'Ems ».

déchéance morale, de cette régression, nous n'avions qu'à en marquer les *effets*.

Ajoutons à la brochure de la *Ligue du Souvenir*, cet extrait du rapport officiel belge sur les atrocités allemandes :

« Dans tous les villages, les femmes, terrorisées, se réfugièrent dans les temples et dans les églises, poursuivies par les soudards avinés de Guillaume II ; l'une d'elles se vit arracher de ses bras, son enfant pendu à sa mamelle, tandis qu'un kamarade ivre de vin, d'alcool et de fureur, l'empalait au bout de sa baïonnette.

« Dans l'église du Béguinage, un jeune officier célébra, avec ses hommes, une infâme parodie du culte catholique.

« Il ordonna, sous menace de mort, aux jeunes filles et aux femmes de se dévêtir et de boire du champagne et d'autres breuvages servis dans les ciboires et les vases sacrés.

« En proie à un sadisme délirant, des soldats revêtus d'habits sacerdotaux, organisèrent une impudique orgie, violèrent les femmes et massacrèrent sans pitié, à coups de sabre et de revolver, celles qui essayaient de résister à leur lubricité de bêtes fauves.

« Quelques-unes furent crucifiées sur des bancs, tandis qu'une fillette de treize ans, la gorge ouverte, les seins coupés, était étendue pantelante sur l'autel de la Vierge.

« Pour terminer cette immonde bacchanale et tenter d'en faire disparaître les traces, ces bandits arrosèrent de pétrole l'église et y mirent le feu. »

INDEX DES BANQUES
ET SOCIÉTÉS CITÉES

A

Aciéries de Piombino.
Alliance anversoise.
Alliance pastorale.
Allgemeine Electricitäts Gesellschaft.
American Smelters.
American Telephone.
Anversoise de recherches minières au Kantaga.
Astra Romana.
Ateliers et chantiers de la Loire.
Auxiliaire de chemins de fer au Brésil.
Auxiliaire d'Entreprises électriques à Bruxelles.

B

Bagdadbahn.
Bank für Elektrische von Zurich (Zurich).
Bank für Handel und Industrie.
Banca Commerciale Italiana.

Banque Allard.
Banque d'Alsace et de Lorraine.
Banque d'Anvers.
Banque belge de chemins de fer.
Banque belge de prêts fonciers.
Banque de Bruxelles.
Banque Cassel et Cie.
Banque de Commerce de l'Azoff-Don.
Banque de Commerce privée.
Banque Commerciale Hongroise.
Banque Commerciale Italienne.
Banque Continentale de Paris.
Banque Espagnole de Crédit.
Banque Française de l'Afrique du Sud.
Banque française pour le Commerce et l'Industrie.
Banque Hongroise de Rentes et du Crédit agricole.
Banque Hypothécaire d'Espagne,

Gaz pour la France et l'Étranger.
Gesellschaft für Elektrische Unternehmungen.
Grands Moulins Réunis.

H-L

Haut-Volga.
Hôtels de l'Étoile.
Imatra.
Immobilière et agricole au Canada.
Industrielle Belge.
Industrielle et pastorale belgo-sud-américaine.
Internationale de Construction.
Laenderbank.

M

Machines Hartmann.
Maggi-Kub.
Mannesmann Sud-Landgesellschaft.
Marokko Minensyndicat.
Marrakech Bergwerkgesellschaft.
Marrakech Landgesellschaft.
Messageries maritimes.
Métallurgique de Taganrog.
Métropolitain de Vienne.
Mines de Balia-Karaïdin.
Mines de Fedj-el-Adoum.
Moulins Réunis.
Mutualité Anversoise.
Mutuelle de Tramways.

N-O

National Bank fur Deutschland.
Nationale (La) assurances.
Norddeutscher Lloyd.
Nord-sud de Paris.
Norvégienne de l'Azote.
Omnibus de Paris.
Orientale de Colonisation.
Ouest-Lumière.

P

Penarroya.
Petroles Colombia.
Phœnix Autrichien.
Port de Rio-Grande.
Produits Kemmereck.

R

Régie co-intéressée des Tabacs au Maroc.
Régie de chemins de fer allemande.
Rheinische-Westphœliche Disconto-Gesellschaft.

S

Schaaffhausen'scher Bankverein (A.).
Schantung Eisenbahn (A. G.).
Société anonyme d'Exploration.
Société belge de Banque.
Société belge de Crédit Foncier.

TABLE DES MATIÈRES

La **Bibliothèque Financière** (24, rue Feydeau,
Paris) est l'extension de l'objet social de la
*Société du Bon Sens Financier, des Annuaires,
des Banquiers et publications similaires.* Cet
organisme, conçu dans un esprit largement
ouvert aux nécessités pratiques, met dès aujour-
d'hui à la disposition du public de précieux éléments de documentation technique.

Non seulement la *Bibliothèque Financière* édite
et surtout éditera des ouvrages et des publications
d'un enseignement hautement profitable, mais
encore elle s'organise pour procurer, exporter,
importer, prêter, louer et rechercher tout écrit,
français ou étranger, se rattachant aux questions
de Bourse et de finance. C'est une heureuse inno-
vation dont on appréciera chaque jour davantage
les services positifs, au fur et à mesure que ceux-ci
seront développés et améliorés, car l'œuvre à réaliser est considérable.

C'est un lieu commun de répéter qu'elle est tout
à fait rudimentaire, sinon nulle, l'instruction
financière de cette hiérarchie possédante qui
va du simple épargnant au capitaliste puissant,
en passant par le bourgeois économe et le pai-
sible rentier.

S'appliquer au développement d'un ensemble
de connaissances financières pratiques, ne sera
pas une des moindres tâches qui sollicitent les
actions énergiques dans l'œuvre de renaissance
et de restauration nationales qui déjà, dans
le domaine moral et intellectuel, se lève sur la
France.

Imp. spéciale de la " Bibliothèque Financière ", 24, rue Feydeau, Paris.